U0673030

MASSIMILIANO FUKSAS

COOP HIMMELB(L)AU

GIUSEPPE TERRAGNI

朱塞佩·特拉尼

GIUSEPPE TERRAGNI

经典与新锐——建筑大师专著系列

【意】 亚历山德拉·科帕 编著

王 兵 译

杜军梅 校

朱塞佩·特拉尼

中国建筑工业出版社

目　录

　　　1928-1932年，在科莫市埃尔巴因奇奥（Erba Incino）的阵亡将士纪念碑

1938-1940，米兰利索（Lissone）的法西斯宫、钟塔与阳台的景色

对页：1933年，科莫阵亡将士纪念碑的地下空间（Crypt）

20 世纪和理性主义之间的第一批建筑作品

朱塞佩·特拉尼受到的建筑训练可以被置于意大利理性主义建筑复杂的开端来思考。其时，建筑界正摇摆于使用形式上建筑语言的未来主义神话和由乔瓦尼·慕奇奥（Giovanni Muzio）倡导的新古典主义二者之间。早在特拉尼从米兰理工大学毕业之前，26岁的他成立了7人小组［其他成员为塞巴斯蒂亚诺·拉尔科（Sbastiano Larco），圭多·弗雷蒂（Guido Frette），卡洛·恩里科·拉瓦（Carlo Enrico Rava），阿达尔贝托·利贝拉（Adalberto Libera），路易吉·菲吉尼（Luigi Figini），吉诺·波利尼（Gino Pollini）］。这些人都被"理性"建筑所激励，认为可以综合表现国家民族价值的意大利新古典主义和以勒·柯布西耶"居住机器"理论、德意志制造联盟（Deutsche Werkbund）和俄国结构主义所体现的理性主义。随着先锋主义的觉醒（从未来主义到荷兰的风格派），理性建筑开创了形式的精简和避免装饰的建筑风格。以标准化和工业化为基础的技术文明进步促进了建筑形式的改革。然而，和先锋派不同的是，7人小组并不想打破传统，他们在杂志《回顾意大利》[1]中写道："传统也是在改变的，它呈现出新面貌。……新建筑必须是逻辑和理性紧密结合的产物"。

作为对纯功能主义（建筑形式与美学屈从于技术和实用特点）的回应，特拉尼勾勒出了一个复杂而完整的意大利建筑现代化之图景。其典型的特征是整合了纯净的理性建筑语言和城市与意大利文艺复兴的传统。

特拉尼成功地越过了功能主义的束缚，转而在建筑的立面、剖面设计及它的城市场所表达中，寻找一种纯粹的建筑语言。第一次世界大战后一些杂志［比如其朋友马西莫·邦滕佩利（Massimo Bontempelli）出版的杂志《20世纪》］开始传播的这种超越国界的创新运动，特拉尼以其独有的洞察力和独特思想及时作出了反应。但当包括1930年成立的理性建筑运动在内的理性主义建筑无法与马尔切洛·皮亚琴蒂尼（Marcello Piacentini）提倡的调和先锋主义与20世纪传统建筑的法西斯风格相比较时，这种热忱有所回落。以特拉尼为代表的理性主义和以皮亚琴蒂尼（Piacentini）为代表的新古典风格，就谁真正能够代表国家风格，引起了一场激烈的讨论。这场讨论占据了当时由朱塞佩·帕伽诺（Giuseppe Pagano）和爱德华多·佩尔西科（Edoardo Persico）编辑的著名建筑杂志Casabella的大量篇幅。

特拉尼喜欢晚上在大工作台上工作，"台上扔满了设计草图"，他叼着一只雪茄，他的猫德缪歌（Demiurgo）陪着他。他的合作者和朋友路易吉·祖科利（Luigi Zuccoli）这样形容他，很高很结实，不修边幅，"用他粗笨的手"，却能熟练地画出"悠长、微妙、充满活力而又整齐的线条"。

瑞士大都会酒店（Metropole Suisse Hotel）更新和新公社公寓（Novocomum Apartment Building）是特拉尼的早期建筑作品，原有结构的保留是建筑设计中必须考虑的问题。

特拉尼的第一个项目是1926-1927年间位于意大利科莫市的凯沃尔广场（Piazza Cavour）的瑞

1 参见《意大利论坛》，1926年12月刊。

士大都会酒店的立面改造。特拉尼把重点放在了建筑的第一、二层。他的意图是整合建筑的首层和入口广场，以形成"一个简单、素净和宽广的主题"。以不寻常的方式运用古典建筑法则，但仍在传统的范畴内重新诠释它们。"建筑里从未出现过以'半环'为基本元素的形式"。

新公社公寓建于1927-1929年间，坐落于一条远离科莫市旧城区的塞尼加利亚（Sinigaglia）大街上。特拉尼提交的方案采用了与现存的卡兰切尼（Caranchini）大楼建筑风格相呼应的方式，从而创造了一个街区。然而在后续的设计中，他放弃了原来的方案，取而代之以一个中空而并置的体量，毫无疑问地表达出"理性"建筑的特征。建筑的转角被切掉，以露出由突出的厚板支撑着的玻璃圆柱。为此，有关部门专门成立了一个委员会，来提供一个替换方案——无论特拉尼的设计是否碍眼。而帕伽诺却支持特拉尼的大胆设计，他指出新公社公寓是第一座意大利完全的理性主义建筑，是一架完美的居住机器。"虽然它仅是一座供出租用的公寓楼，但居民可以享受生活，享受自由的呼吸，享受充足的阳光，享受非比寻常的景观。……墙体从单纯作为承重构件的作用中解放出来，不再像旧建筑一样均匀的划分空间。这是一种新的美学，一种全新的生活方式，一种对居住概念的畅想。这种反浪漫、反堕落的住宅……才是真正的住宅，是未来的住宅！"[1]

法西斯大厦和圣艾莉娅幼儿园（Asilo Sant'Elia）：理性主义特征的形成，从平直到自由的平面

法西斯大厦（1932-1936）是特拉尼最著名的代表作，是意大利理性主义建筑的宣言，同时它也注定成为法西斯主义最好的诠释（"在一座玻璃房子内，每个人都可以看到其他人"），如同它所造成的轰动。其理性代码正如其立体几何学形式一样肯定：它的形体是立方体的一半，高是其底边（33米）的一半。

建筑的几何形体表现出极度理性，并保持和谐的关系。建筑传达出连续的、构造明晰的和纪念性的空间形体特点。精密与透明的概念通过钢筋混凝土，特别是入口处使用大理石材料表现力得以传达。从装饰到室内设计，法西斯大厦是整体连贯设计（the integral and coherent design）的代表作。

法西斯大厦最初的设想是围绕一个开放的院子组织空间，这种组织方式让人想起文艺复兴时的宫邸建筑。在随后的发展中，中间的"庭院"被设计成了方方的、两层通高的会议空间，周围环以走廊。二层四周分布为办公室，一层左侧为教会的避难所，右侧为楼梯。整个中庭被玻璃砖覆盖。一扇玻璃门创造出了由室内通向外部广场的理想的轴线连接。外部通常提供集会之用的广场正对科莫市主教堂的穹顶。法西斯大厦的主立面正对教堂的后殿，中间5榀框架结构明确地展示了建筑结构，建筑立面以一侧实墙面结束，呼应未建成的"利托里亚"塔。

1934-1937年间建造的圣艾莉娅庇护所（幼儿园）[Asilo Sant'Elia（kindergarten）]继承了——抑或说更浪漫地表达了法西斯大厦设计的理性与精确。在建筑中，通过平面组合打破了1920年代惯

1 朱塞佩·帕嘉诺发表在第27期《La Casa Bella》杂志（1930年3月）的"现代建筑的优势（一座建于科莫的新建筑的目标）"。

用的方方正正的体量组合。建筑的支撑结构自成系统，相对墙体而独立。平面呈凹形，中间的庭院供孩子们户外活动之用。由于使用了相当面积的玻璃砖，整座建筑内部光线充足；同时内部空间可以自由划分，为教学空间提供了充分的灵活性。对于相当重视修辞的法西斯大厦来说，评论家们认为，圣艾莉娅幼儿园中表现出的平和与自由可以比肩现代主义建筑。[1]

特拉尼和林吉利在米兰：达雷蒂多住宅

特拉尼与林吉利（比特拉尼年长10岁）相识于米兰，根据路易吉·卒科里的说法，林吉利在布雷拉学院教建筑课。（特拉尼是米兰理工大学应用课程的民用建筑专业的学生。）其时，林吉利作为非常成功的建筑师，和特拉尼一起，参与了1925年科莫阵亡将士纪念碑项目投标。虽然最后项目由建筑师阿西亚戈（Asiago）和文德（Vender）胜出，但林吉利和特拉尼也因此成为特别要好的朋友。20世纪30年代，由于共同参与米兰出租型住宅建筑项目，特拉尼和林吉利的关系进一步升温。他们经常光顾二百万画廊（Galleria II Milione），在这个圈子内，他们也收到来自企业家、艺术家，和一些热心朋友的建筑项目委托。

1　1940年6月，发表于 *Costruzioni-Casabella* 杂志150期的《科莫的幼儿园》，8-15页，和焦万纳·达米亚写的《朱塞佩·特拉尼：超越理性主义》，科莫：Enzo Pifferi 出版社，2003，120页。

1934-1936年的圣艾莉娅幼儿园的内院

　　尽管有建造新公社公寓（Novocomum Apartment Building）的经验，在米兰建造另外5栋公寓楼（名称为鲁斯蒂奇、吉林盖利、拉维扎里、托尼内洛、鲁斯蒂奇-科莫利）仍然给特拉尼提供了进一步实现复杂主题"现代住宅"的机会。这些建筑成为1933年第4届三年展中建筑圈的核心热议话题。

　　即使造价有限，"与米兰当时通行的建筑设计相比"，这五栋"深度创新的"建筑仍然传达出"独创性的概念"。因此，"它既受到诸如建筑师吉奥·庞蒂的推崇，也受到严格的监督员帕伽诺的认可"[1]。1933-1937年米兰建造的这些公寓大楼，采用独创的手法解决了各种问题，丰富了城市公寓建造的设计语言。"它实现了一种剥离体量与立面图形的设计机制，让人联想起抽象表现主义。"[2]特拉尼在1933-1936年间的鲁斯蒂奇住宅项目不容忽视。该项目位于塞皮奥尼大街，采用两个独立的体块垂直于该大街，同时形成了一个内院。两个体块的沿街部分用一排走廊连接，形成了一种虚实结合的创新立面。对这个立面充满了争论（业主委员会曾数次反对），最终产生了一个更图形化的结果。建筑的顶层是大楼产权人的"别墅"公寓。公寓被分成两部分，分别对应夜间休息区和日间生活区，两区用空中走廊相连。建筑使用了高级材料，比如立面饰面为大理石。

　　一般说来，这些出租公寓的规模从3-7间房间不等。考虑到作为房产投资和家庭生活之用，吉林盖利（Ghiringhelli）公寓楼（1933-1935）被定位为综合功能建筑。建筑底层设置了四座商铺，全楼共有24间两室到四室的出租公寓，顶层是公寓楼所有者——抽象艺术家吉诺·吉林盖利（Gino Ghiringhelli）包含7间卧室的"别墅公寓"。建筑用地比较窄，两面临街一面临广场。立面的中央设计了一列凸肚窗。托尼内洛（Toninello）公寓楼是特拉尼和林吉利设计的最小的米兰出租公寓楼。

1　富尔维奥·伊蕾丝（F. Irace）的《特拉尼和林吉利：一个历史学的问题》。

乔治·丘奇（G. Ciucci）的《朱塞佩·特拉尼1904-1943》，米兰：Electa出版社，2003年，161–171页。

2　焦万纳·达米亚（G. D'Amia）的《朱塞佩·特拉尼：超越理性主义》，科莫：Enzo Pifferi出版社，2003，97页。

发表于1936年10月的《象限》杂志35-36期，采用了蒙太奇手法的大教堂和新公社公寓楼

上图：建于1939-1940年的科莫的朱利安尼-弗里杰里奥（Giuliani-Frigerio）公寓

下图：与林吉利合作设计的米兰鲁斯蒂奇（Rustici）公寓的立面细节，从塞皮奥尼（Sempione）大街的景象

建筑基地受到两面墙的制约，其进深方向只能实现一跨的空间。尽管其沿街面极窄（12米），公寓楼仍采用非简单形态作为解决方案。两个独立体块并置，中间为楼梯和通往两侧的人行通道。

我们可以看到，在鲁斯蒂奇和吉林盖利公寓楼的设计中已经有采用"交叠别墅"的处理手法的意图。企业家彼得罗·拉韦扎利委托给林吉利的住宅项目（1934-1936），是林氏和特拉尼于1934年合作设计的。方案以一个线形的体量插入了梯形的基地。鲁斯蒂奇和吉林盖利公寓楼的基地情况相类似，两侧的道路呈放射状夹角，最终汇聚于星形广场。如果和前两个项目相比较的话，我们会发现形成直角的两条街比立面面对窄广场的楔形场地，设计起来会有更多困难。

尽管如此，林吉利和特拉尼为新设计发展出了一些基本元素。将建筑物沿街分成两部分，中间连以走廊（如鲁斯蒂奇公寓）或直接与墙相连（如吉林盖利公寓），形成内在的张力与冲突。

由相同的业主们委托的鲁斯蒂奇住宅楼（1934-1938）坐落在塞皮奥尼大街上。但是在外观上并不能引起观者的特殊兴趣。它是林吉利和特拉尼设计的5栋米兰出租公寓的最后一栋，也是他们专业合作的尾声。最终，扩大布雷拉学院的野心以及新米兰博览会的设计都流产了。

罗马项目：理性建筑的法西斯主义幻象

国家建筑的主题，对理想建筑形式的追寻，对法西斯政党最好的隐喻表现，在特拉尼参与的大型罗马建筑竞赛中得以再次展现。这些竞赛包括利托里奥宫、为E42（EUR）大会设计的会议和接待中心、但丁纪念馆，但这些项目都没有建成。佩尔西科（Persico）死后的1936年，帕伽诺（Pagano）成为最靠近政治中心的建筑师。因此，理性建筑的原则更难推行。建筑风格回归皮亚琴蒂尼（Piacentini）所倡导的华丽但平庸的新古典主义并席卷了意大利。特拉尼为利托里奥（Littorio）宫所设计的建筑，由林吉利、卡尔米纳蒂（Carminati）、萨利瓦（Saliva）和维耶蒂（Vietti）辅助，受到招标文件中启事的影响："一座舒和的纪念建筑应能表达出法西斯政权是对古罗马帝国的精神延续。"现代与传统，功能与纪念性：一个现代的平面却使用了与古罗马广场相和谐的材料。其最终结果是一个建立在黄金比例之上的紧致建筑，同时表现出了透明性和封闭性的基本对立。与切萨雷·卡塔尼奥（Cesare Cattaneo）和林吉利合作的会议大楼（1937-1938）设计，在第一、二阶段，建筑方案由一个比例恰当的平行六面体所主导，被誉为"古典主义的发展"。夸大门廊列柱的概念，成为立面构思的起点，让人联想起"巨柱式"或者"双柱式"的母题。就法西斯政权对其建筑的要求而言，中和了古典主义和理性主义的风格并不受欢迎。由皮亚琴蒂尼代表的华丽的现代主义风格受到欢迎，而明显的理性建筑却被排斥。特拉尼和林吉利设计但丁纪念馆时，决定不管风格的争论，将其设计成神曲的"建筑版"。无疑的，这个建筑切断了法西斯主义和理性主义建筑之间的联系：特拉尼的建筑语言变得更少、更精练，无可避免地与法西斯政权的宣传需求渐行渐远。

特拉尼和拉瑞安地区的理性主义（Larian Ratio nalism）：多维度与整体的艺术

两次世界大战间的意大利理性主义的特点是多重个性的表达：其总体上表现为一体，而内部却又不拘一格。理性主义联盟在科莫成立，拉里奥（科莫湖的拉丁语名称）湖边的理性建筑研究室成为最多产的工作室（其影响波及米兰地区）。在拉瑞安地区（the Larian area），一群建筑师和艺术家，比如马里奥·切雷吉尼（Mario Cereghini）、阿尔贝托·萨托利斯（Alberto Sartoris）、詹尼·曼特罗（Gianni Mantero）、奥斯卡·奥尔泰利（Oscar Ortelli）、路易吉·祖科利（Luigi Zuccoli）、雷纳托·乌斯伦吉（Renato Uslenghi）、奥古斯托·马尼亚吉（Augusto Magnaghi）、马里奥·泰尔扎吉（Mario Terzaghi）和伊措·帕里西（Ico Parisi）围绕在极富个性的特拉尼、凯撒·卡塔尼奥（Cesare Cattaneo）和林吉利身边。特拉尼的活动也需要在拉瑞安地区理性主义的大背景下作进一步的解读。

如果科莫学派（the Gruppo Como）从未作为一个组织存在过，那么科莫的建筑师和工程师在理性主义中的表现将会以个体而不是整体呈现。"拉瑞安理性主义"[1]的突出特点存在于从其首创阶段就表现出的艺术整合的原则，更是由凯撒·卡塔尼奥提出的"多维原则"或者"多学科互动"的属性。它强调寻求一种建筑设计中综合运用各种相关元素的效果。另一个与"多学科互动"概念相关的是建筑绘画（archipittura），其表现强调建筑与绘画的整合和综合，由科莫学派的抽象艺术家曼利奥·罗（Manlio Rho），马里奥·拉迪切（Mario Radice），卡拉·巴迪亚利（Carla Badiali），科迪莉亚·卡塔内奥（Cordelia Cattaneo）（同名建筑师的姊妹），卡拉·普里纳（Carla Prina）（萨托利斯Sartoris的妻子）和阿尔多·加利（Aldo Galli）发展而来。拉瑞安的理性主义成为罕见的例子。它真正做到了"方法论层面的建筑、建筑画和绘画的融合。这种融合深入概念构思、结构与空间概念，同时特别注重对'风格'的追求，用共通的特点呈现出来，形成了区别于建筑与绘画语言的特殊风格"[2]。

1 "拉瑞安理性主义"意味着20世纪30年代［特别是从1930年在蒙扎（Monza）举办的最后一届装饰艺术展览，到1943年特拉尼和卡达尼奥（Cattaneo）去世］由所谓的"科莫学派"成员的理论与设计活动。参见亚历山德拉·科帕（Coppa），焦万纳·达米亚（G.D'Amia）编写的《拉瑞安理性主义：重读与互动》，都灵：Maggioli Politecnica出版社，2010。

2 卢西亚诺·卡拉梅尔（L. Caramel），《建筑画·合成与多维性》，发表于《建筑画·理性主义时期的科莫的各艺术互动关系》，科莫，2005年。

1936年《象限》杂志的35-36期，专门刊登了科莫的法西斯宫

从广场角度看的法西斯宫的鸟瞰

特拉尼的现实性：朱利安尼－弗里杰里奥公寓与艾森曼的理论

特拉尼和卡塔尼奥后期的作品，成功地超越了"理性主义所定义的语法"和功能主义者的简单参数：其建筑设计采用了挖空、打断、反对称、位移和复杂韵律等手法，来实现建筑设计中各种元素组合的实验。近几年，在彼得·埃森曼、丹尼尔·里伯斯金的作品中也可以看到这种建筑实验，这些建筑师也承认是受了特拉尼的影响。[1]

在特拉尼的朱利安尼-弗里杰里奥之家和卡塔尼奥的切尔诺比奥（Cernobbio）出租公寓（Casa d'affitto）中，都采用了分散布置的建筑体量，以及由此带来的建筑室内外关系不稳定所呈现的张力。从这上面说，正是应验了上文提到了拉瑞安理性主义运动中所阐述的多维属性。

这种隐喻激励着卡塔尼奥对当时尚未引起广泛关注的抽象主义的探求，而这些非欧几里得的张力在当今的解构主义建筑中得以展现。埃森曼从另一个路径发展了特拉尼的思想，他忽视单幢建筑的象征意义，也不关心单独的建筑手法；而更强调建筑各部分之间的所谓"关系"的解读，进而"有意地"重新组织被分解的各部分。对于特拉尼真正的解读是从20世纪50年代的克林·罗（Colin Rowe）开始，这位美国建筑师开始解读法西斯大厦，将其视为一个语言学的盒子并加以拆解和重组，凭此种手法，将其与更复杂的朱利安尼-弗里杰里奥（Giuliani-Frigerio）之家相比。其研究发现了一些连特拉尼都没有意识到的价值，而这些价值都是对思想的启迪。

埃森曼认为，有些类型的建筑，特别是"拉瑞安理性主义者"应特别从其文脉解读，从其所处的历史时期中去定义；而不能从引用了官方话语权的经典论断中理解。这也就是说，这些建筑诠释了多种关系，包括图像的隐喻与明示的、历史的、美学的和功能主义传统的多重关系。

1 参见阿蒂利奥·特拉尼，丹尼尔·里伯斯金，保罗·罗塞利和《特拉尼图集》，米兰：SKira出版社，2004年；彼得·埃森曼的《朱塞佩·特拉尼：批判的变形与分解》，文字部分选用朱塞佩·特拉尼和曼富勒多·塔夫立著作，纽约：Monacelli出版社，2004年。

上图：科莫的法西斯宫，从背后看的透视

下图：科莫法西斯宫在摄影师保罗·罗塞利（Paolo Rosselli）的镜头下的反射

建筑师年表

1904	4月18日出生于米兰地区的梅德市。父亲名为米凯莱·特拉尼，是一个建筑公司的老板，母亲是埃米莉亚·贾米诺拉。儿时被送往母亲在科莫的亲戚家，以便上小学。
1917	在科莫技术学院的物理—数学系学习。在中学的最后一年认识了路易吉·祖科利。
1921	中学毕业后的特拉尼进入米兰理工高级建筑学校学习。
1925	参加了正常的大学课程学习，继而钻研建筑史中的伟大建筑。其米开朗琪罗式的绘图在当时却比较过时。他登记在册的第一个建筑设计是科莫的萨伊贝内别墅。认识了林吉利，二人的友情和专业合作从此持续了一生。
1926	11月16日获得学位。他和林吉利一起参与了科莫阵亡将士纪念碑的第一、二阶段建筑竞赛。该纪念碑树立在主教堂广场。
1926-1927	七人小组在杂志《意大利论坛》上发表了四篇文章，成为意大利理性主义的宣言。分别是1926年12月的"建筑"；1927年2月的"外国人"，1927年3月的"不意，误解与偏见"，1927年5月的"一个古老的新时代"（1935年在象限杂志的3-4月刊中重印）。文章的署名为特拉尼、利贝拉、菲吉尼、波利尼、弗雷蒂、拉尔科和拉瓦。欧洲建筑文化受到德绍包豪斯的强烈影响，该学校从魏玛搬来，以格罗皮乌斯为代表。
1927	与弟弟阿蒂利奥（Attilio）开办了自己的建筑事务所。开始与路易吉·祖科利（Luigi Zuccoli）合作。祖科利形容特拉尼是一个"渴望了解世界建筑动向的人。他关心如何使自己跟上形势。他羡慕格罗皮乌斯、柯布西耶和荷兰风格派建筑师"。他的建筑生涯始于科莫的瑞士大都市酒店立面改造。他参加了在蒙扎（Monza）举办的第三届国际装饰艺术风格展览，展示了其天然气厂和管道铸造厂的方案。当年，德意志制造联盟的主任，密斯·凡·德·罗组织了魏森霍夫实验街区展览。
1927-1929	新公社公寓（Novocomum Apartment Building）在科莫建成，随之而来的是对其风格的满城指责，也因此激发了特拉尼作为重要成员对当代建筑的捍卫。
1928-1932	参与了第一届和第二届在罗马举办的理性主义建筑展。一场激烈的讨论导致意大利理性建筑运动（Movimento Italiano per I'Architettura Razionale）解体。科莫埃尔巴·因奇奥（Erba Incino）的阵亡将士纪念碑建成。第一届现代建筑大会于1928年在瑞士举办；柯布西耶的萨伏伊别墅于普瓦西（Poissy）建成。
1929	米兰的意大利20世纪展上，特拉尼展示了其肖像。他布置了900组（Gruppo 900）还有他青年时代参加的其他节目照片，与他的建筑作品交替布置。
1930	设计了奥尔泰利（Ortelli）墓地，科莫的维特鲁姆（Vitrum）商店和波斯塔（Posta）宾馆。
1931-1933	由圣艾丽娅计划的科莫的阵亡将士纪念碑建成。同时，成为法西斯建筑工会的受托人。在莫斯科，苏维埃广场设计竞赛标志着俄国时期开始的理性主义的结束。
1932	被指定为纪念罗马法西斯革命10周年的装置——0房间的建筑师。他设计了一座钢筋混凝土的教堂（未建成）和科莫的斯泰基尼（Stecchini）墓地。包豪斯被德国当局关闭。

1932-1936	设计了科莫的法西斯大厦，为其带来了国际声誉。
1933	在马赛和雅典之间考察，参加了第四届国际建筑大会。会上展示了其为科莫城市发展所做的设计。与一群抽象艺术家成立了《象限》(Quadrante)杂志，由皮耶尔·马里亚·巴尔迪(Pier Maria Bardi)和马西莫·邦腾佩利(Massimo Bontempelli)任主编。在米兰，作为第五届米兰三年展的展品之一，他和他的团队建造了湖边的艺术家之家。
1934	特拉尼和皮耶罗·博托尼(Piero Bottoni)为科莫城市发展竞赛提交的名为"科莫—米兰8"的方案胜出。成为第一批践行现代建筑协会纲要的实例。他们因此出席了国际现代建筑大会(CIAM)。
1935	在埃谢尔山(Col d'Echele)建造了纪念罗伯托·萨尔法蒂(Roberto Sarfatti)的纪念物。
1933-1936	和林吉利的专业合作进一步加强。他们合伙开了一所设计公司，在米兰建造了5栋出租公寓大楼，分别是：吉林盖利住宅(the Casa Ghiringhelli)，托尼内洛住宅(Casa Toninello)，鲁斯蒂奇住宅，拉维扎里住宅(Casa Lavezzari)和鲁斯蒂奇-科莫利住宅(Rustici-Comolli)。
1934-1938	罗马城开始了一系列建筑竞赛。1934-1937年，他们参与了第一轮和第二轮利托里奥宫(Palazzo del Littorio)的竞赛；1937-1938年，他们参加了为E42设计的接待与会议大厦竞赛(Palazzo dei Ricevimenti a Congressi)。结果却很令他们失望。
1935-1937	与林吉利、路易吉·菲吉尼(Luigi Figini)，吉诺·波利尼(Gino Pollini)，卢恰尼·马里亚尼(Luciani Mariani)，完成了米兰布瑞拉学院(the Brera Academy in Milan)的第一、二阶段的设计工作。科莫的佩德拉利奥住宅，赛韦索(Seveso)的比安卡别墅，科莫的圣艾莉娅幼儿园，科莫雷比奥的佩罗瓦诺(Perovano)墓地和园艺师之家(Villa for a floriculturist)。
1938-1940	特拉尼完成了以下项目：与林吉利合作设计了但丁纪念馆；科尔特塞拉(Cortesella)区规划；维耶蒂(Vietti)住宅保护方案，科莫城市发展计划的一些补充设计；利索(Lissone)的法西斯大厦和雷比奥(科莫)卫星城区规划。《塑形价值》杂志为其作品出版了专刊。
1937-1938	意大利建筑界在新古典主义与理性主义间摇摆。庞蒂(Ponti)、松奇尼(Soncini)和福尔纳罗利(Fornaroli)设计了蒙特卡蒂尼(Montecatini)宫，帕伽诺(Pagano)公司设计了"米兰绿"(Milano Verde)方案。而在罗马，达尔贝托·利贝拉(Adalberto Libera)赢得了E42的接待与会议大厦第二阶段的竞赛，其方案接受了法西斯当局的意见而做了折中处理；利托里奥大厦(Palazzo Littorio)方案竞赛由福斯基尼(Foschini)、德尔代比奥(Del Debbio)、莫尔普戈(Morpurgo)提交的学院派方案拔得头筹。
1939-1941	特拉尼应征入伍，经过军事训练后，于1941年先被派往巴尔干地区，又被派往俄国。他不得不停下手头的项目，比如正在进行的朱利安尼-弗里杰里奥之家。然而，他仍从其在维罗纳的驻地，把笔记和草图寄给祖科利(Zuccoli)。
1943	经历了严重的病痛之后，1943年被医疗火车送回了意大利。他最后的项目是对一个教堂的研究。特拉尼于7月19日在科莫病逝。

建成项目

新公社公寓，科莫

阵亡将士纪念碑（圣艾莉娅），科莫

法西斯大厦，科莫

圣艾莉娅幼儿园，科莫

园艺师阿美代奥·比安齐的别墅，科莫萧比奥

安杰洛·特拉尼（Angelo Terragni）的比安卡别墅，米兰赛韦索

佩德拉利奥住宅，科莫

朱利安尼—弗里杰里奥之家，科莫

法西斯大厦，米兰利索

鲁斯蒂奇住宅，米兰

对页：建于1933~1936年的米兰的鲁斯蒂奇（Rustici）公寓，屋顶的风景。

新公社公寓

科莫，塞尼加利亚（Sinigaglia）大街1号，1927-1929年

特拉尼的第一个建成项目新公社公寓（Novocomum Apartment Building）归新公社公司（Novocomum）所有。甲方希望完成数年前建筑师卡兰切尼（Caranchini）的设计，其概念是创造一个带内院的简单体量。特拉尼提交给甲方项目组的是一个结合卡兰切尼的折衷主义设计并进行了一定突破的方案。然而脚手架拆除之后，出现的是另一座建筑：由于其不寻常的线条，人们戏称它为"大轮船"。这造成的结果，迫使甲方又成立了另一个委员会，专门讨论对其是要拆除还是保留。针锋相对的意见占据了当时重要的建筑杂志版面。La Casa Bella的

朱塞佩·帕伽诺（Giuseppe Pagano）和Domus的吉奥·庞蒂（Gio Ponti）全力支持该建筑，称它为第一座理性建筑。建筑意图以最常见的方式增加建筑体量，形成高密度的立方体。沿塞尼加利亚（Sinigaglia）街的主入口设置在主立面的对称轴上。主入口内是简单的通往各层的楼梯，接待处退到门厅的一侧。

特拉尼采用了组合、抽减、交错与咬合等处理体量的手法，建筑的总体布局相对简单。五个平行六面体被置于主要体量的旁边，与湖面平行；另外两个与侧面的卡兰切尼大厦相连；两个较小的体量置于内庭院中。主体朝湖的转

角部位被"挖空"，从而减去了部分体量。而顶层保持不动，以确定整体体量。在挖空的部位，两个玻璃圆柱体镶在其中，形成了椭圆形平面：其上由顶层体量封闭，其下由二层和三层的阳台支撑。新公社公寓的设计逻辑本身并不奇特，它借鉴了传统设计里偶然可见的新奇与大胆。交错与咬合的技巧也相对常见，虽然其色彩与材料使这些手法更突出。在特拉尼最初的方案里，他拒绝使用理性建筑根深蒂固的黑白色搭配。最近，除了后期包砌的大理石部位外，大楼恢复了特拉尼设计的原本色彩。

轴测图

　　　　本页及下页：阳台，特殊开启方式的门，和转角的景象

阵亡将士纪念碑（圣艾莉娅）

科莫，布彻大街，1931-1933年

20世纪30年代初，马里内蒂（Marinetti）推行了一个理念：希望建造由安东尼奥·圣伊利亚（Antonio Sant'Elia）设计的灯塔形的阵亡将士纪念碑。这位未来主义建筑师的草图被普兰波利尼（Prampolini）所发展。不久之后，特拉尼事务所被委托延续该工程。特拉尼无意改变圣伊利亚（Sant'Elia）设计的外观，而清晰地重塑了其室内空间。建筑外观由大块的喀斯特岩石建造在钢筋混凝土之上。这种材料使人联想到该地曾发生讨的战斗。纪念碑坐落在一个台基之上，台基可通过正反两面的台阶到达。在这个平面，参观者既可以进入内部纪念

堂，也可以走向湖面。两部椭圆形的楼梯可使参观者登顶。特拉尼通过室内一系列明晰的设计降低了纪念碑外部形象给人的压抑感。为祭奠阵亡将士的小纪念堂、通道和地下室，与楼梯电梯一起，构成了特拉尼成熟的几何简洁风格——这一风格在他设计的墓地系列中也很常见。在纪念碑的中心位置，一块巨大的独石柱默默地提醒观众纪念碑为谁而建。原设计中，戏剧化的蓝玻璃柱体被设计成整座纪念碑的王冠。

入口台阶

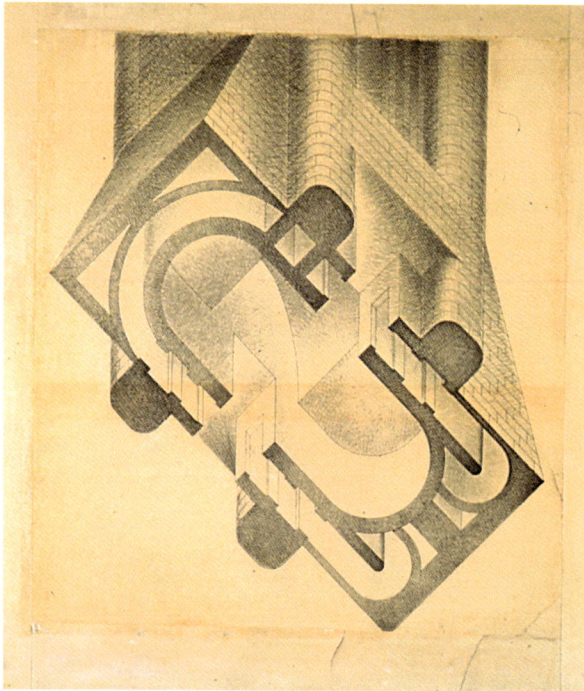

建成项目　　　　　　　地下空间的轴测图

LA CITTÀ ESALTA
CON LE PIETRE DEL CARS
LA GLORIA DEI SUOI FIG

1915

法西斯大厦

科莫，人民广场4号，1932-1936年

特拉尼1932年设计的科莫法西斯大厦完全推翻了四年前的原折衷主义方案。新方案是基底为方形的四层紧凑式体量，明亮的两层通高的中央大厅由玻璃砖顶做屋面。其余所有的空间布置在中央大厅周边，形成建筑的四个立面。法西斯大厦是那样完美的一个几何体，其正方形的底边每边长33.20米，四个立面的高度是底边的一半。对"虚"与"实"平衡的探究形成了最终对称的效果，特别是侧立面和背立面。该建筑采用了中央空间宽敞的"合院"建筑形式。外立面的透明性使建筑的外观十分突出，尤其是从主教堂看过来。这一视角的效果是精心设计的结果，使建筑与周边环境十分契合。法西斯大厦主入口的小广场，比城市道路高一步台阶的高度，是其主立面朝城市一侧的投影。主立面以开放的长廊为特点，用实墙面衬托其透明性。建筑首层以通高的连续采光为特点。能够俯瞰中央庭院的部分是主任室、办

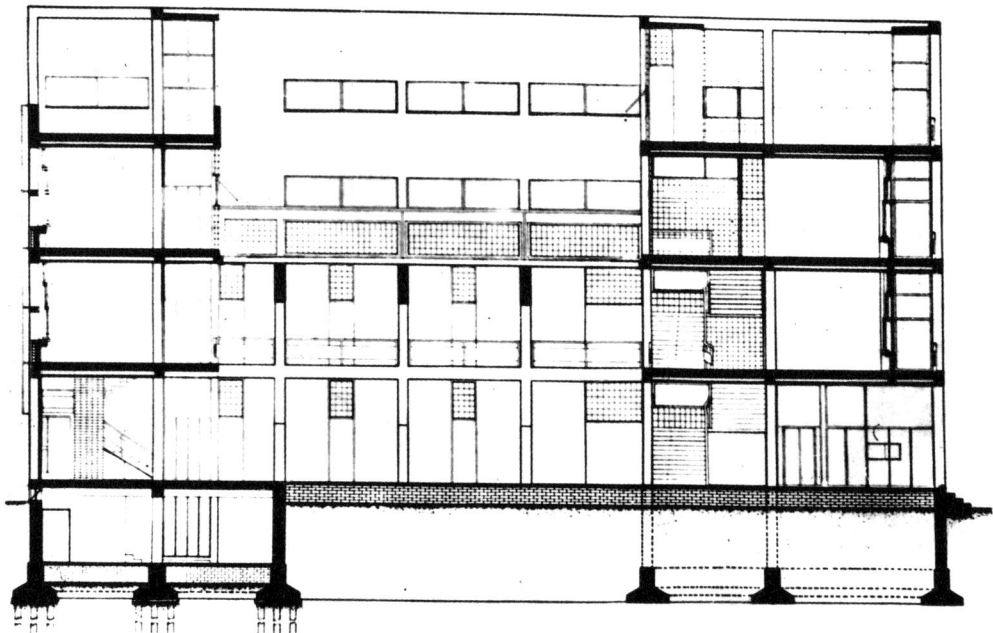

公室和其他作为通道使用的空间。市民们很喜欢这个"双重"的空间，它既能使人们联想到城市中传统建筑，又能让人感受到全新的理性主义手法。对于室内设计的试验探索，特拉尼成功地预见到在同一设计中整合各种元素。通过整合墙体、门、把手、小柱础、地板、表面处理的方式、灯具、桌台、搁架、椅子［例如拉利亚纳（Lariana）办公室的椅子和由钢管、木或织物构成的贝妮塔（Benita）扶手椅］，并使之为同一设计主题服务。法西斯大厦是意大利建造的第一座完全的现代主义建筑，其内部曾装饰有一圈由马里奥·拉迪切（Mario Radice）设计的抽象装饰物：它们是一系列由两根铁管支撑的彩色水泥板，和宣传图像交替的分布在建筑中，以突出建筑的结构。

剖面图

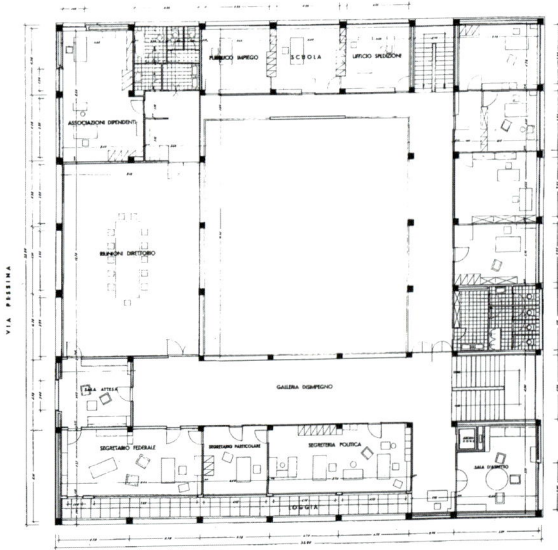

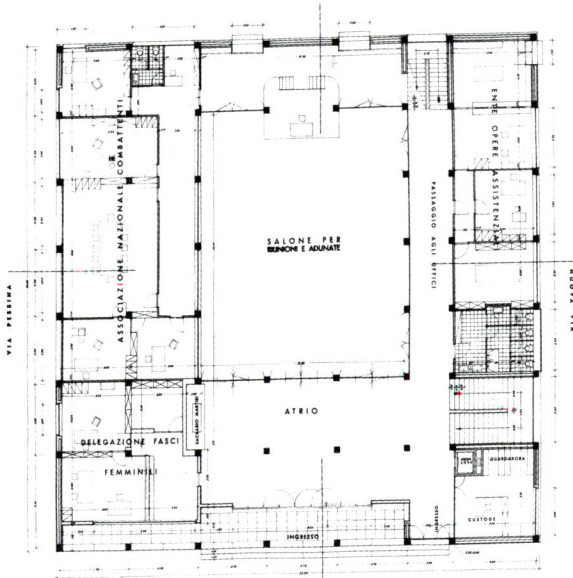

两层通高的大厅

建成项目　　　　　平面图

圣艾莉娅幼儿园

科莫，奥恰多（Alciato）大街15号，1934-1937年　合作者：阿蒂利奥·特拉尼

　　该幼儿园是城市扩建中配套服务设施的一部分。特拉尼围绕一个中央庭院组织空间，实现了基本功能：活动大厅、餐厅、教室，延续了他对现代教育建筑当代研究的主线。从这个角度看，建筑朝向的调整是为了获得最佳的日照角度。从这个指南针形的入口开始，特拉尼希望获得室内外空间最好的沟通：突出水平面和地平线。幼儿园和花园的整体空间似乎从栅栏间解放出来。建筑的大玻璃表面朝向外部，使空气和光到达建筑内部。借助可移动的隔断，室内空间似乎流动起来。特拉尼一贯注重细部设计，包括室内家具，都延续了法西斯大厦的设计经验。

　　如果对特拉尼1934-1937年间的建筑设计

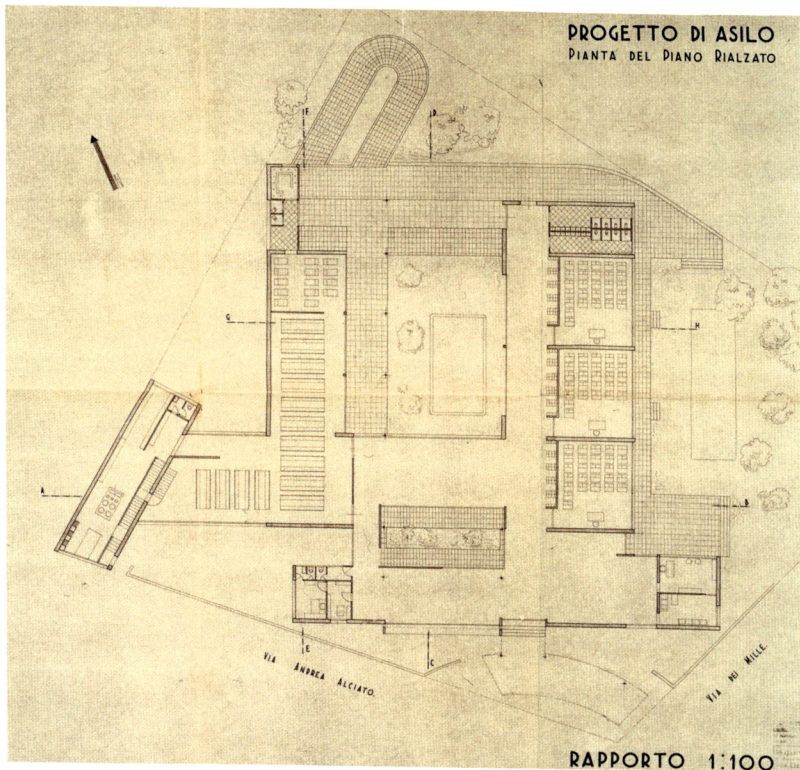

PROGETTO DI ASILO
PIANTA DEL PIANO RIALZATO

RAPPORTO 1:100

进行研究的话，可以发现其设计构想贯穿整个设计。受其设计构想支配的设计元素的发展呈现逐渐的蜕变。一方面，他的设计追求尽量简洁——建立一个可以满足各项设计要求并更加简化的设计"系统"：采用两种高度体系，三种开窗方式（大玻璃窗、长条窗和竖条窗）；另一方面，特拉尼寻求材料的丰富和优雅的视觉效果。事实上，该项目仍致力于探求基本元素分解与重组的新法则。特拉尼期望用新"创造"来摆脱对功能需求的满足和预算的限制。同时，建筑元素以现代建筑的语言为特点（玻璃材料的墙，结构与围护墙体分离，横向的长窗等）。该建筑于20世纪80年代早期被恢复成原状，其可读性更加明晰。

基地平面图

上图：外面的篷

下图与57页下图：嵌入式壁橱系统

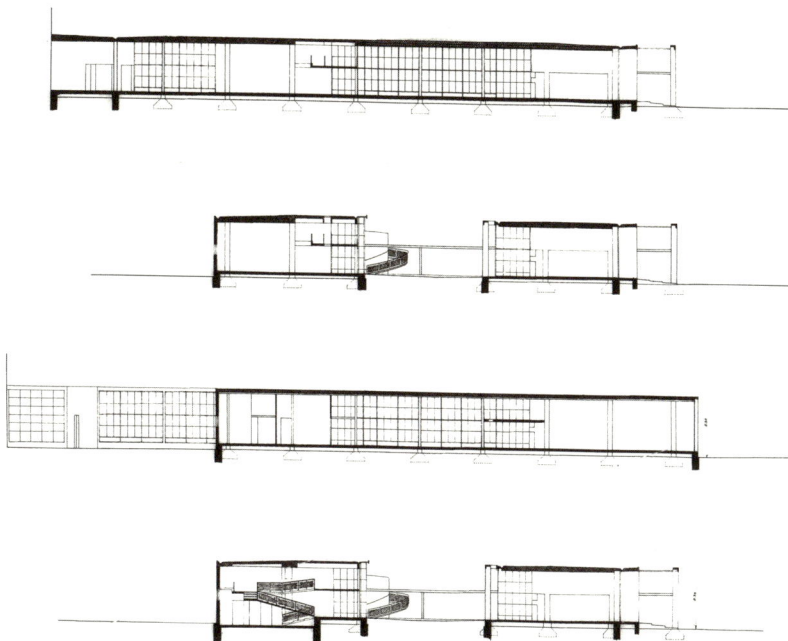

园艺师阿美代奥·比安齐的别墅

科莫雷比奥，1936-1937年

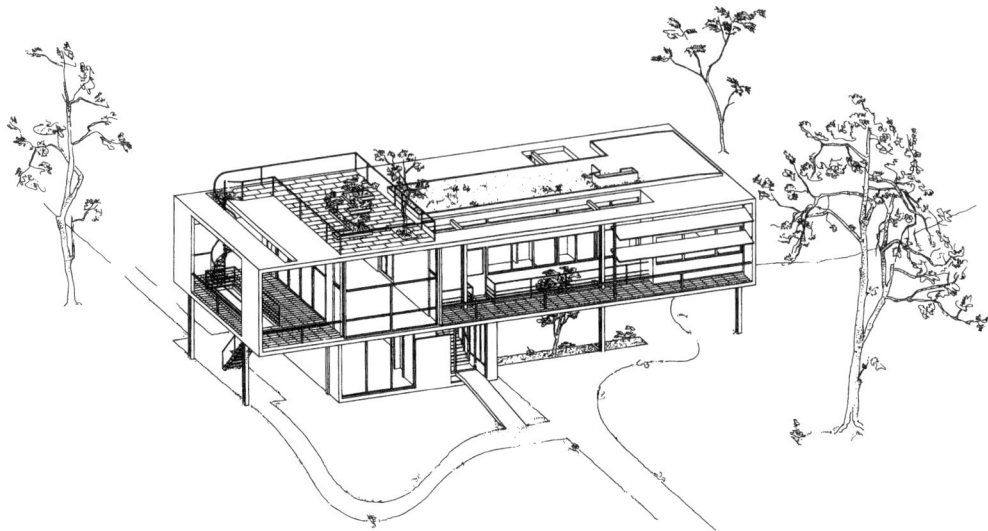

　　根据业主阿美代奥·比安齐（Amedeo Bianchi）的要求，该项目在设计过程中作了三方面的改变。特拉尼不得不改变最初的设计方案：一个带有单独温室的独立式住宅。第二版方案中，特拉尼用平台取代了凉亭，同时地面层增加了一套公寓。最终方案缩减了体量，采用单一的生活空间。最终方案把初步方案中的虚实转化发挥得恰到好处，使用与功能建立在钢筋混凝土桩之上。虽然该住宅被发展成方形平面，但仍对周边限制条件作出回应。但是，建筑师新设计的几个重要元素还是被显现出来，同时期在赛韦索（Seveso）建造的比安卡别

墅中也可以得到验证。这些元素包括：带有连
续箍头、在二层处强调的楼梯（通过踏步的比
例）；建筑一侧不对称的长窗；在二层与阳台融
为一体、贯穿整个立面的大挑檐；建筑从地面
层"提升"取得的门廊空间与花园相连接，并

进一步延伸到后面的温室。业主在特拉尼在世
时加建的地面层挡土墙，对读取原来建筑结构
造成了一定困难，它极大地改变了建筑与外部
空间的关系。

别墅建成效果

上图与62页上图：栏杆细部

下图：入口坡道细部

安杰洛·特拉尼（Angelo Terragni）的比安卡别墅

米兰赛韦索，1936-1937年

　　建筑的名称比安卡别墅来自委托人——特拉尼堂兄安杰洛·特拉尼（Angelo Terragni）的妻子的姓氏。特拉尼终于可以放开手脚地实现其建筑理想了。

　　特拉尼为这栋建筑做了大量的草图和研究，用以继续发展其新型分散布局的独立式小住宅。这一研究在设计园艺师之家时已经开始。从最初的草图中我们可以看到特拉尼强调的几个设计元素，非常像一张抽象画。平行六面体的对称与紧凑性满足了功能主义的基本要求，发展为带有突出体量的和谐非对称篇章（起

居室空间与主立面、阳台、入口坡道、屋顶上的悬臂梁相呼应）。

　　而且，建筑的每个立面都有不同的处理方式。比如，对应建筑服务区的东立面和南立面采用了横向长窗以直接沟通室外；而主立面上，不但采用了植草地下室以抬高入口地坪，而且下挖了一个环形花园以加强与起居室出挑的对比。建筑采用钢筋混凝土结构，外贴灰色石材，窗框采用白色大理石，扶手等部位采用了铁构件。

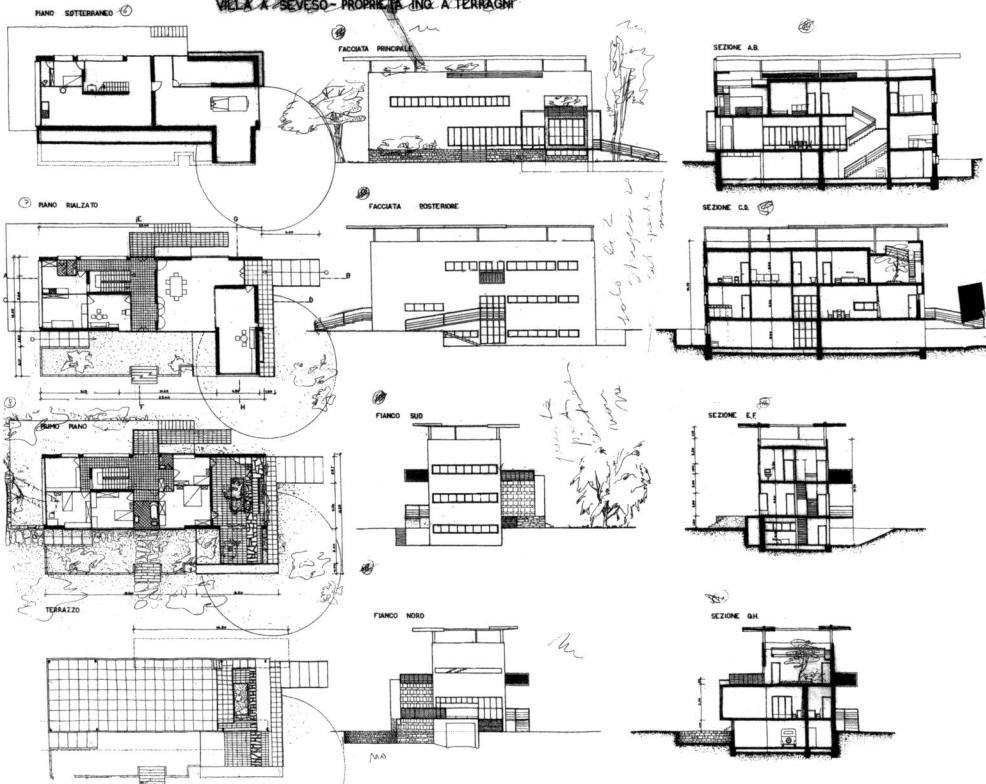

VILLA A SEVESO - PROPRIETÀ ING. A. TERRAGNI

PIANO SOTTERRANEO

FACCIATA PRINCIPALE

SEZIONE A.B.

PIANO RIALZATO

FACCIATA POSTERIORE

SEZIONE C.D.

PRIMO PIANO

FIANCO SUD

SEZIONE E.F.

TERRAZZO

FIANCO NORD

SEZIONE G.H.

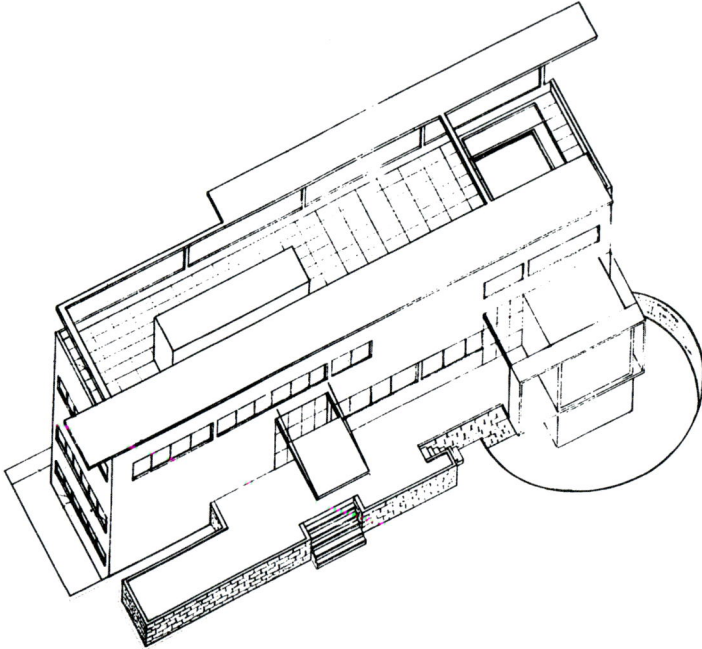

上图：入口坡道细部

下图：轴测图

窗户细部

佩德拉利奥住宅

科莫，门塔纳（Mentana）大街6号，1935–1937年

特拉尼初始的方案只是一个简单的四层建筑，首层为四座店铺，二、三层各为一个住宅单元，阁楼稍微后退；同时还包括另外一栋L形的住宅建筑。阳台采用对称布置在建筑的尽端，而建筑的左侧在实际建设中被砍掉。特拉尼认真研究了建筑构造细节，包括混凝土板的划分以呼应沿门塔纳大街（Mentana）粘贴的蓝色大理石，店铺窗户的铁构件，女儿墙和楼梯的扶手等。

建成项目　　　　　透视图

最值得注意的是俯瞰门塔纳大街阳台的设计元素。阳台的厚板被三列玻璃砖打断，与其他两列一起延伸到下面的垂直墙上。

这一手法在地板上增加了透明效果，使下部获得更多光线，并在立面上获得更有趣的效果。与设计方案对比，现存建筑在地面层上有一些明显的改变：三个门洞被减小为窗，而彩色板也被石材和大理石板所取代。

上图：玻璃阳台细部

下图：平面图

对页：玻璃阳台细部

朱利安尼 – 弗里杰里奥之家

科莫，罗塞利（Rosselli）大街24号，1938-1943年

朱利安尼–弗里杰里奥之家是特拉尼最后一个大型项目，它被战争粗暴地打断了。但它却标志着新一轮建筑设计实验的开始。在建设开始的几个月内，特拉尼通过书信寄送草图的方式与他的朋友，也是他的合伙人路易吉·祖科利（Luigi Zuccoli）进行沟通，以解决现场的状况。建筑位于城市新建设的上层中产阶级聚集的区域，离新公社大楼不远。

建筑每层三个住宅单元呈错层分布。从建筑的东立面和西立面可以明显地看出，错层处理使两个单元能够处于同一标高；第三个单元则处于另一标高楼层。建筑师创新地在建筑顶

层设置了"漂浮的花园"。花园在平面上从建筑边缘后退，利用了由错层产生的高差，同时覆以统一标高的屋面。

建筑立面以平行六面体为设计主题，根据开间采用突出或凹入的组合。神来之笔的立面设计是阳台和雨棚采用了钢铁框架。四个立面采用了精确的石材饰面。

彼得·埃森曼曾长时间研究过特拉尼组合设计元素形成新语言的设计实验，建筑的复杂性通过全新的整体设计得以解决，这已超越了理性主义所宣称的设计语言。

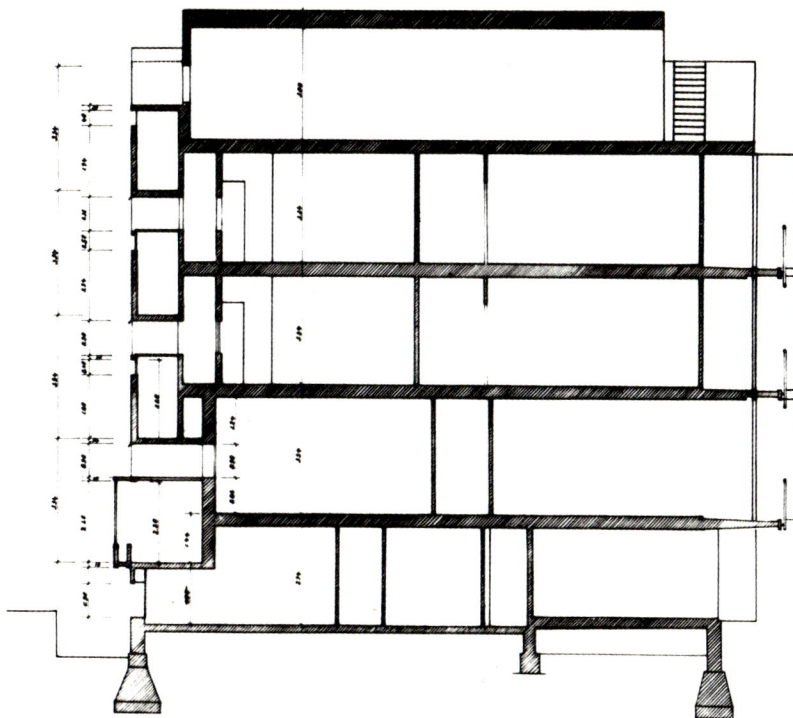

上图：建筑一侧的景象

下图：剖面

法西斯大厦

米兰利索，1938–1940年
与安东尼奥·卡尔米纳蒂（Antonio Carminati）合作

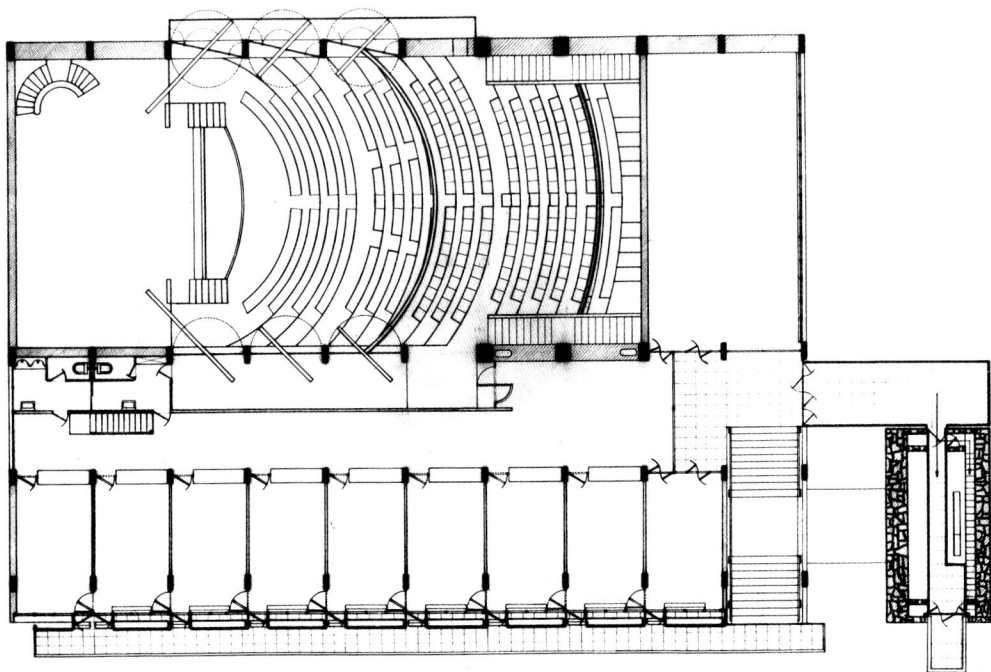

与安东尼奥·卡尔米纳蒂合作设计的利索的法西斯大厦包含一个水平体量和端头竖直体量的钟塔。建筑的形式在各方面都满足"法西斯之家"的需求。大面积的比例和反射表面代表了法西斯对公共的公开性，建筑师也主动展示建筑的梁柱的建构关系：其结构的真实性类比于政党的真实性。方案以功能布局为特征：沿主立面的上下两层是呈排分布的办公室；两

层通高的可以举办会议和其他功用的剧场位于
建筑后半部分。尾部是与建筑主体断开，仅以
入口和楼梯相连的"利托里亚塔"，外饰莫尔特
拉西奥（Moltrasio）石材。钟塔既作为阵亡将

士纪念场所之用，也作为发布公告的市政厅之
用。二层立面外侧有一条挑出的走廊连接全部
办公室。虽然利托里亚塔所用材料比较厚重，
但其顶部的开口为其下的纪念场所提供了采光。

建筑一侧的景象

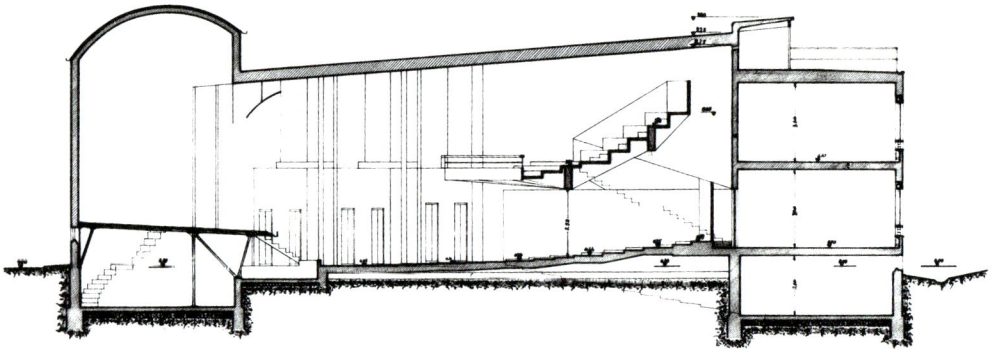

建成项目

上图：钟塔与主立面

下图：剖面

上图：阳台细部

下图：入口台阶

鲁斯蒂奇住宅

米兰，塞皮奥尼（Sempione）大街36号，1933-1935年
与林吉利合作

鲁斯蒂奇住宅楼项目伴随着特拉尼与林吉利的合作产生于1932年。鲁斯蒂奇住宅楼属于投资性住宅楼，其较高的品质来自于宽敞的公寓单元和高质量的建材。建筑场地呈梯形，由塞皮奥尼大街（Sempione）、普罗卡奇尼街（Procaccini）和现在的朱塞佩·穆西街（G. Mussi）围合而成。该形状使建筑很难完全覆盖基地。

于是，林吉利和特拉尼决定把建筑体量分为两部分，以建筑的侧墙来面对塞皮奥尼大街。建筑师用一条走廊连接了两栋建筑的侧墙面，形成空中走廊。从某种意义上讲，这条走廊重组了建筑立面，同时赋予了建筑全新的通透。为了用足基地面积，建筑一侧做了轻微地突出，一个塔状体量贴在建筑北侧。建筑总高25米，住宅单元从3-7室不等，分布在不同的楼层。顶层是一个独立小住宅，设置在两个体量之上，中间由空中走廊连接其日间生活区和夜间休息区。

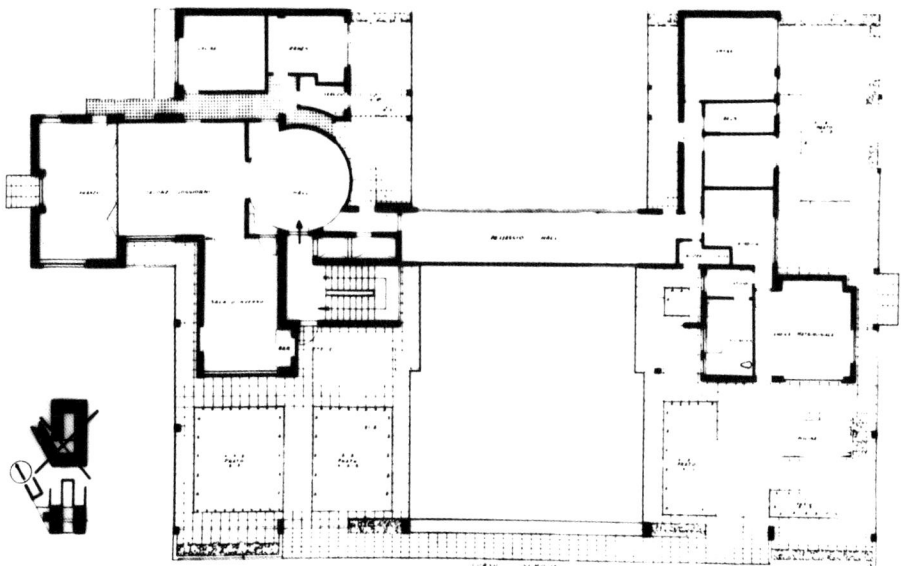

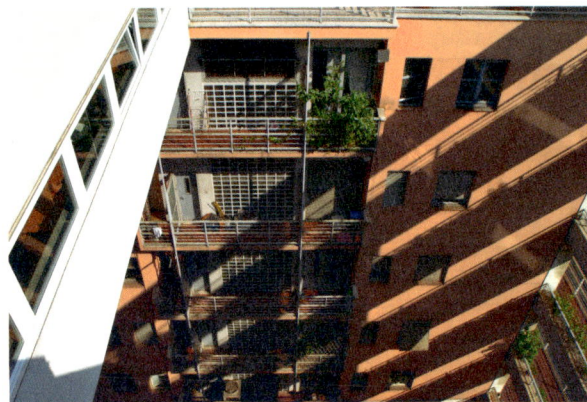

建成项目　　　　　　　　天桥通道与玻璃砖屋顶细部

设 计 作 品

科尔特塞拉（Cortesella）地区重建计划，独立的建筑与街区，科莫

E42接待与会议大厦，罗马

卫星城区方案，科莫雷比奥

但丁纪念馆设计，罗马

天主教堂方案

科尔特塞拉（Cortesella）地区重建计划，独立的建筑与街区

科莫，1937年

科尔特塞拉区域计划是为有城墙围合的科莫城市中心所进行的设计，它从大教堂广场到湖边的凯沃尔广场以及沃达广场。其目的是更新城市中存在隐患的道路与污水系统。1937年的方案包含一个新建的广场；广场周边是带有大庭院的新建办公楼和住宅楼。特拉尼和切萨雷·卡塔尼奥（Cesare Cattaneo），被委托研究总图布局以及这些新元素在平面和空间的体量，用以更新整个旧城区。设计方案包括九个不同功能、不同尺度与平面形式的新街区。包含在整个1937年计划中的特拉尼研究报告，传递了他的设计思想：1-3层办公和其上五层公寓的垂直分区；建造8-9层单栋建筑；有利于采光的屋顶；整体系统化的视觉效果。设计的另一个重点在于不仅限于对第一个地块的干预，而是对全局10000平方米的市中心作综合考虑。其中包括将被拆除和重建的区域，这些设想远远超过了委托方对第一阶段的任务书范围。特拉尼的设计意图是极大地增加建筑规模。

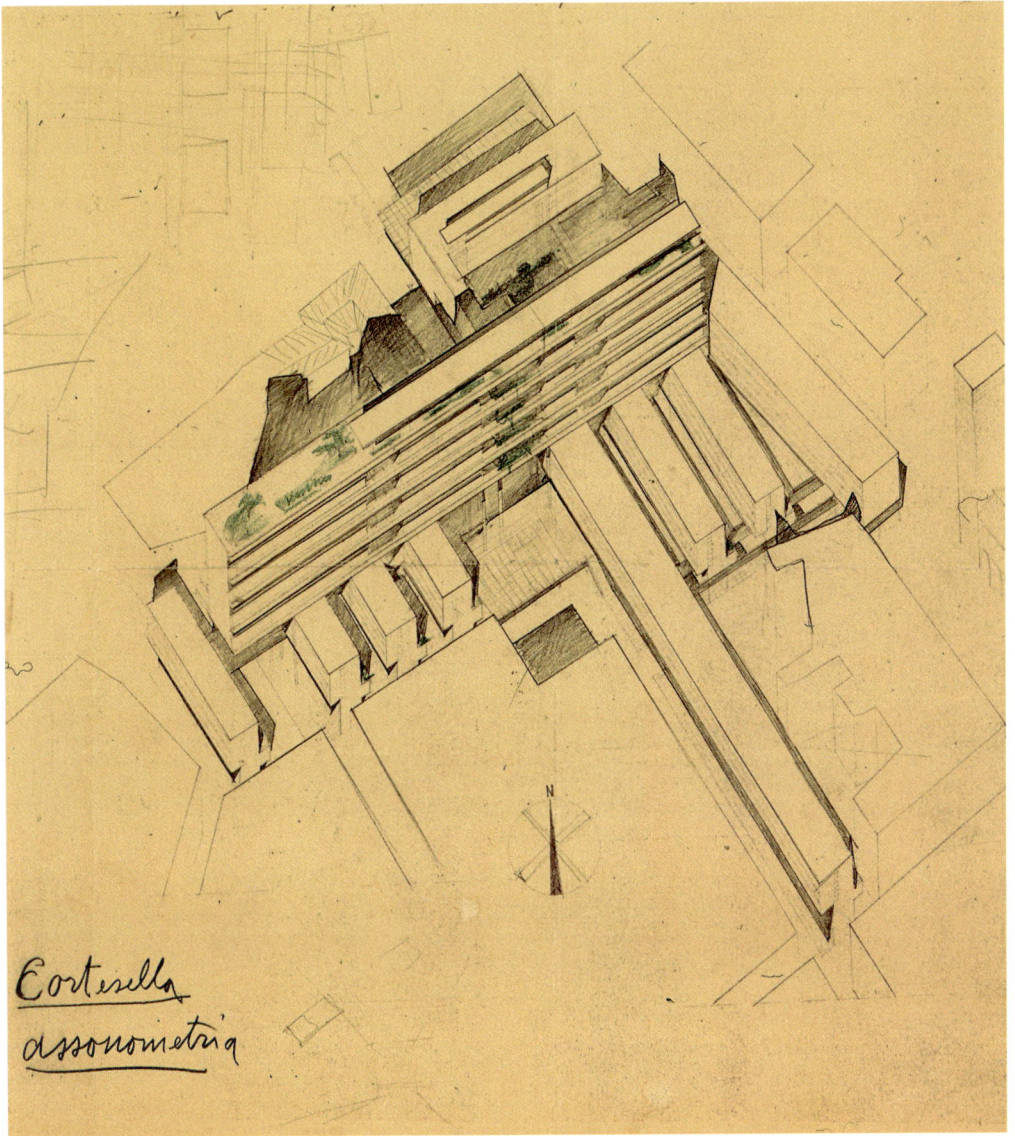

Cortesella
assonometria

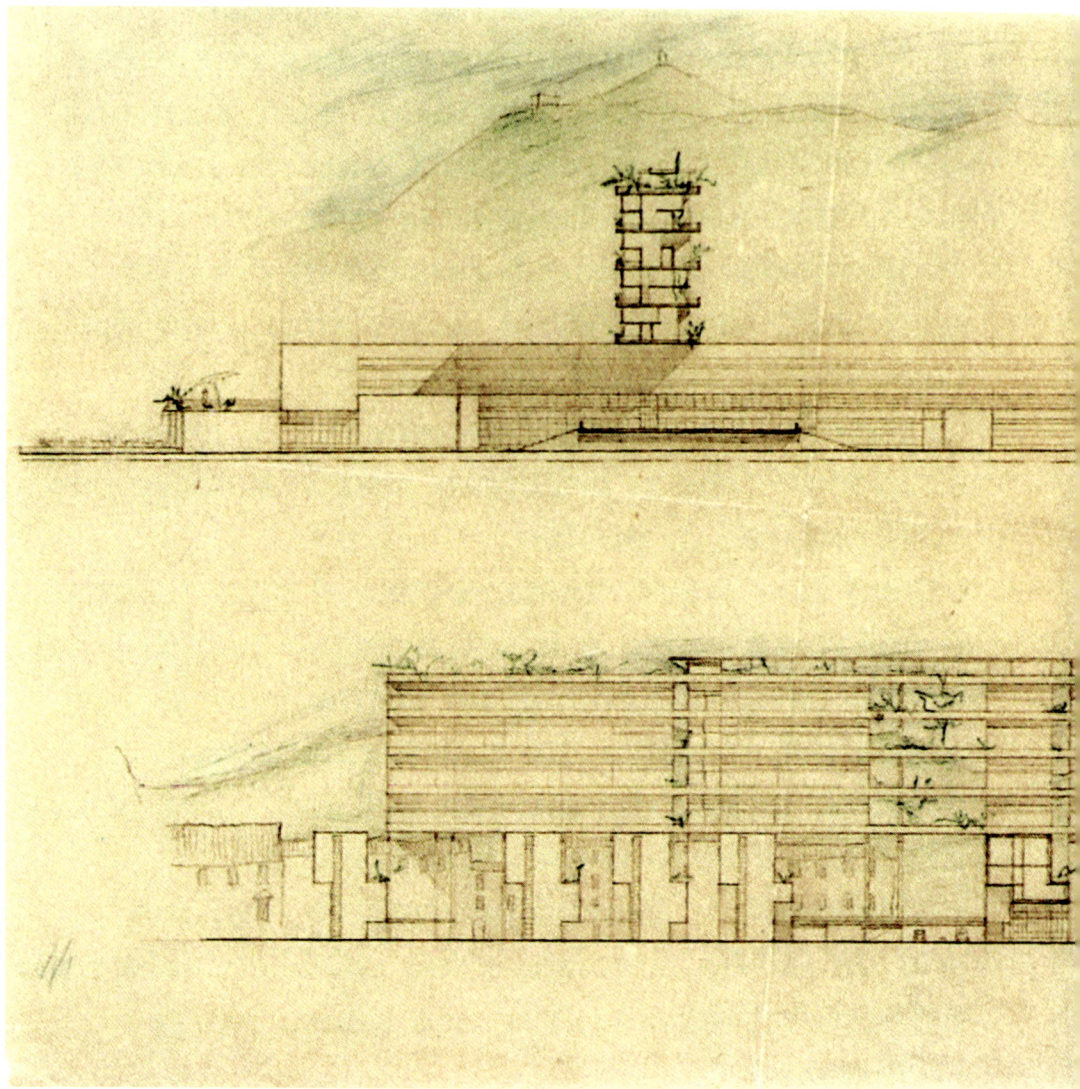

Cortenella

sezione
(sulle abitazioni)

prospetto

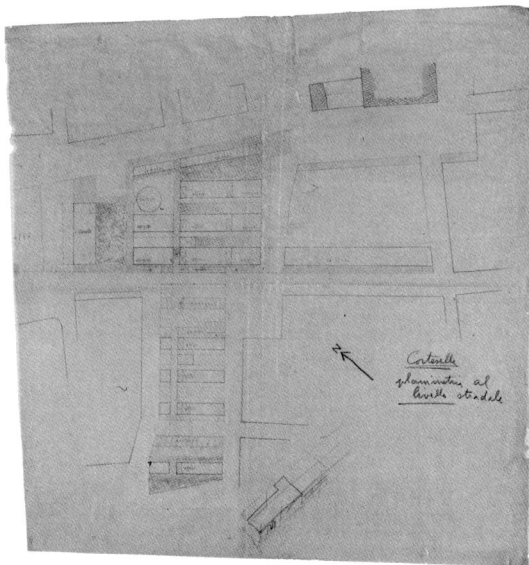

Cortenella
planimetria al
livello stradale

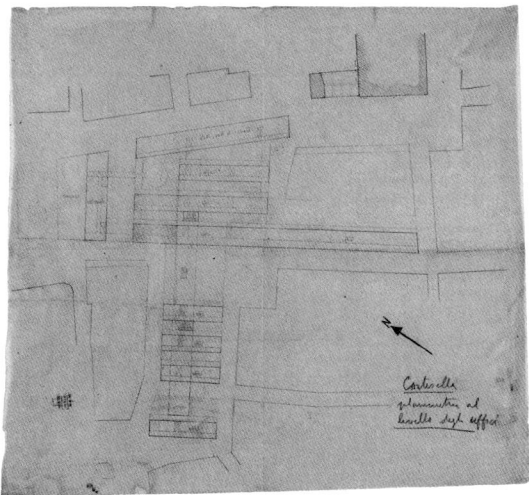

Cortenella
planimetria al
livello degli uffici

各基地平面图

E42 接待与会议大厦

罗马，设计的第一、二阶段，1937-1938年
与切萨雷·卡塔尼奥和林吉利合作

为迎接由于第二次世界大战所被迫暂停的罗马世博会的召开，E42接待与会议大厦于1937年6月举办了建筑投标。设计任务是一个大型的可以容纳3000人的会议大厅和其他诸如餐饮、办公等附属功能的空间。从城市发展的角度，该建筑将成为1937年的重大工程，影响深远。第一阶段，科莫学派以古典建筑的黄金比例为基础，体现了功能主义的观点。会议大厅建筑平面为一个巨大的从正方形获得的黄金比例的长方形，以及反复翻转其对角线获得的体量。会议大厅前设置了一个广场。建筑呈现出一个围合的整体，因此显得更封闭，正如其工作报告开始所描述的："正如当代与古代的每个伟大建筑一样，建筑体现了原始纪念性。"外立面的柱子重新采用了双柱式，一个很容易被识别的柱式（基础，地面，接待处和一个双层阁楼）。立面既体现了多样性，也照顾了比较"实"的平面。开发商委员会在第一轮竞赛中没有选中任何方案，而直接进入了第二阶段。但给予有兴趣参加竞赛的建筑师仅不到一个月的时间准备方案。尽管不情愿，特拉尼和其他的科莫建筑师还是参加了第二轮竞赛，提交了如插图中所展示的方案。方案体现了一个清晰的内向的建筑，不再考虑与周围建筑的关系，强调了任务书中提出的独裁政治的需要。然而，这轮设计方案完全失去了第一轮方案的新鲜感。

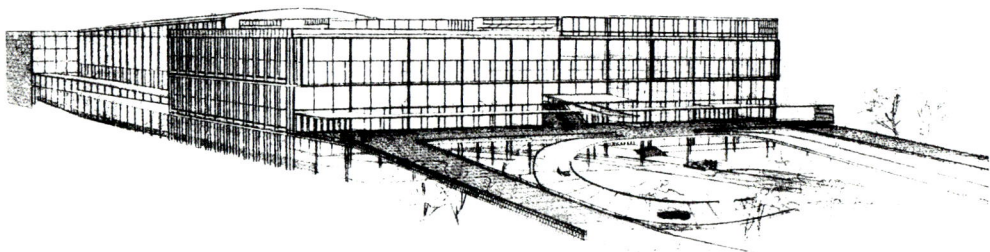

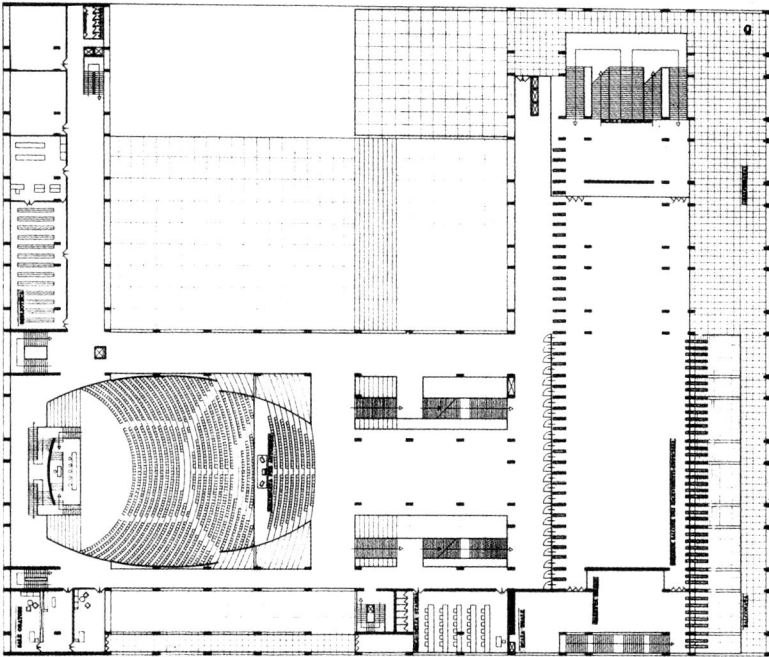

上图：中庭透视图

下图：平面图

设计作品

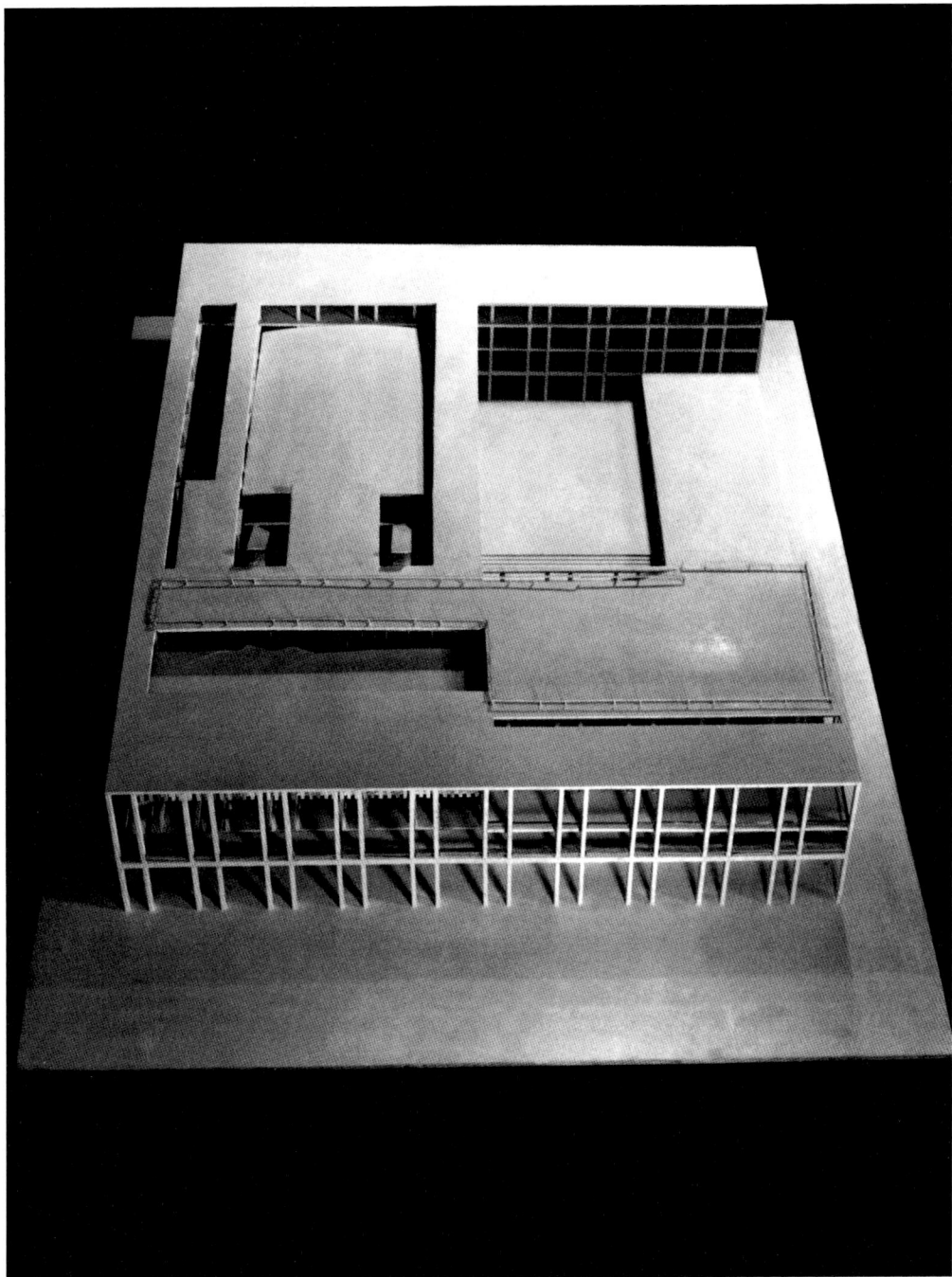

模型

卫星城区方案

科莫雷比奥

与阿尔贝托·萨托利斯（Alberto Sartoris）合作

这是一个从未实现的建在雷比奥的蓝领工人卫星城区，其中体现了特拉尼和勃通尼（Bottoni）1937年形成的城市发展理论。它是从科莫工业区向卡梅拉塔（Camerlata）方向发展的理想结果。

设计包括将该区域与已经发展起来的城市郊区相连。设计着重考虑功能分析、分区、人口估算和建设区域尺度下的城市中心等问题。设计也探讨了由社区休闲和休憩区域分割形成的高层类型。低层建筑带有私人花园。方案预留了大量的开放空间作为花园或其他绿色区域之用。带有平台的住宅成列分布以取代封闭空间。方案包括一个作为工人俱乐部使用的法西斯之家，以及一个幼儿园、学校、教堂和购物中心。

设计采用了南—北轴向对应采光要求，建筑类型包括了1-2层平台住宅和22米高的公寓楼。值得注意的是，设计中用私人花园取代了庭院，其外侧周边道路用作通道，也成为建筑立面的元素之一。从天花板到其建筑配件、从女儿墙到卫生洁具，建材的选择基于经济性与标准化原则。而砖、浮石（pumice）和混凝土等建材的选择又体现了独特性。萨托利斯特别强调设计中各种建筑的外观，而特拉尼更强调设计的区域与城市、环境与景观的关系。

ISTITUTO AUTONOMO CASE POPOLARI DI COMO
PROGETTO DI QUARTIERE SATELLITE A REBBIO
TIPO CASA ALTA 6 PIANI 3 VANI

FACCIATA OVEST

FACCIATA EST

SEZIONE LONGITUDINALE

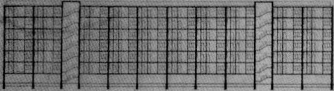

PIANO TIPICO

PIANO TERRENO

SCALA 1:200

SEZIONE ASSONOMETRICA ALLOGGIO TIPO
SCALA 1:50

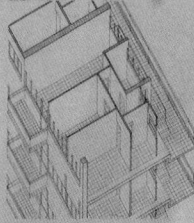

ALLOGGIO TIPO
SCALA 1:100

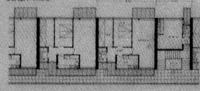

SEZIONE TRASVERSALE
A.B.   C.D.

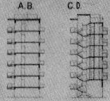

PARTICOLARE COSTRUTIVO DELLA FINESTRA
SCALA 1:20

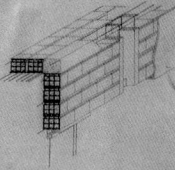

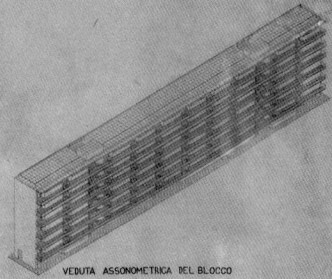

VEDUTA ASSONOMETRICA DEL BLOCCO

ISTITUTO AUTONOMO CASE POPOLARI DI COMO
PROGETTO DI QUARTIERE SATELLITE A REBBIO
PLANIMETRIA GENERALE · SCALA 1:1000

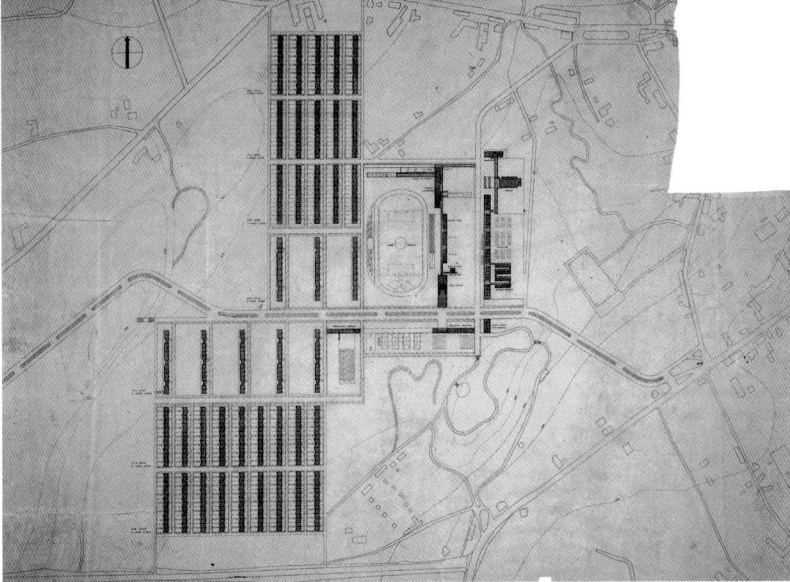

设计作品   透视图

但丁纪念馆设计

罗马，1938-1940年
与林吉利和马里奥·西罗尼（Mario Sironi）合作

但丁纪念馆中包含了马里奥·西罗尼设计的浅浮雕，由特拉尼与林吉利于1938年设计，以纪念法西斯主义20周年。

随着墨索里尼第二次世界大战后的倒台，原计划建于帝国广场大街的该项目从未实现。特拉尼这样描述这栋建筑："它不是一座宫殿，而是一座博物馆；它不是一座剧院，而是一座庙宇。"方案是一个封闭的体块，一个环抱的长方形被轴向的十字平分。它体现了法西斯时期对但丁的崇拜及其象征意义。方案中高大的厅堂旨在成为《神曲》的建筑纪念。但丁纪念堂中材料的使用和建筑法则的运用，都意图表达出《神曲》所蕴含的意义。方案不到三分之一的建筑面积具有实际功能（地下室的研究中心位于图书馆内，也仅是一些带有门窗的空间），其余空间仅是一个设计的"理由"。在建筑元素与空间之间，观众在建筑里获得一种简单而动态的联系，以体会诗歌与建筑之间的关系。

方案设计了一个螺旋线上升的空间渲染气氛，通过对光线和材料的控制，从低到高（从暗到亮），象征着人类的良知，从地狱的深渊向天堂凝视。

DANTEUM INFERNO

DANTEUM PURGATORIO

"地狱"厅与"天堂"厅的透视图

DANTEUM PARADISO

设计作品　　　充满柱子的天堂厅

10年之后当战争结束时,特拉尼想要设计一座神圣的建筑。他于1943年设计的教堂重新使用了1932年该项目的用地,计划采用钢筋混凝土建造。虽然我们只有为数不多的关于该项目的草图,但还是可以清楚地看到其关于屋顶、半圆侧室与主体关系等设计中的自觉与再思考。教堂分为两层,主立面上的洞口揭示了建筑后部的楼层序列。一部楼梯直通建筑入口,而整个建筑似乎飘在空中。建筑立面的特点是一个抛物线承接着一条反弧。建筑的顶面是由小拱组成的桶形拱,建筑外部被曲线和弯曲的类似侧室的元素所封闭。

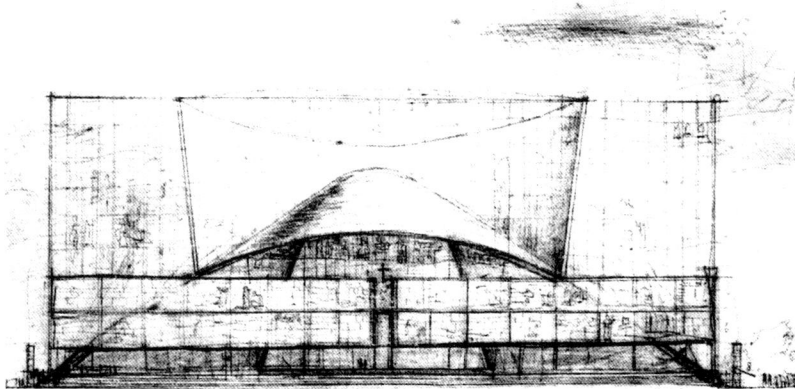

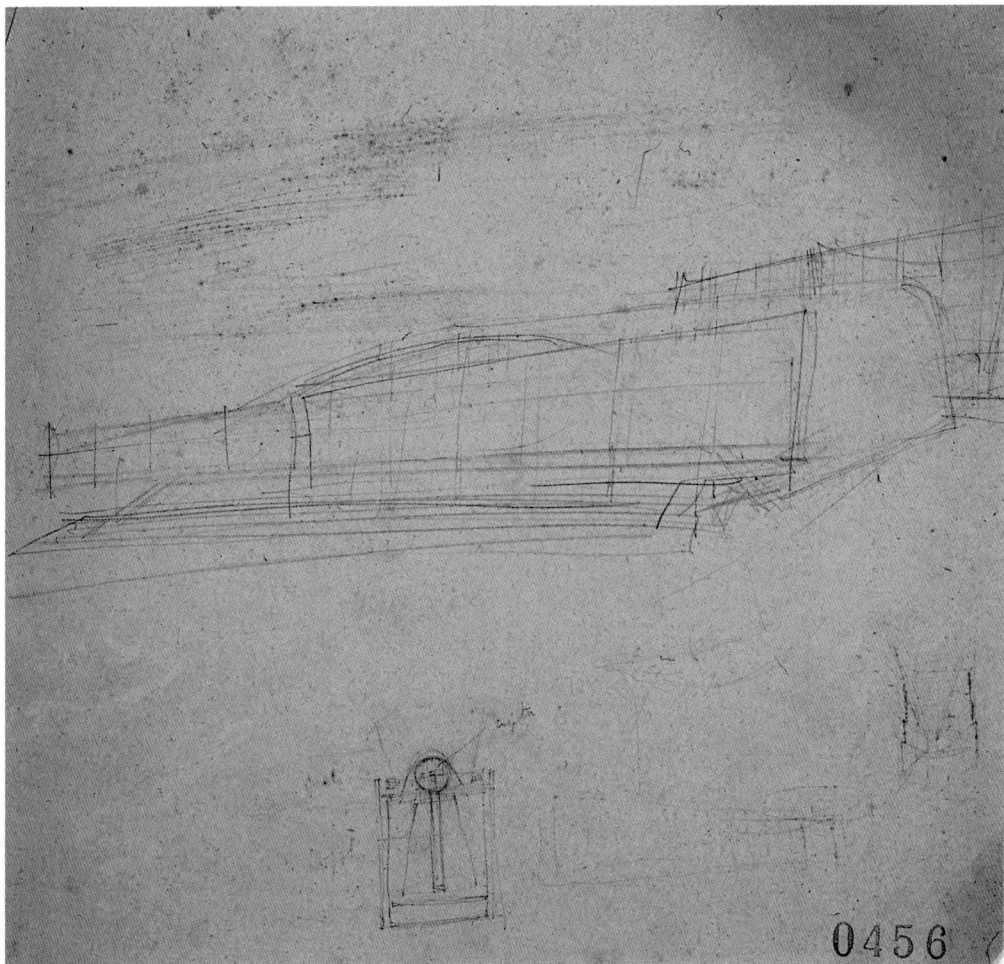

教堂之幕的草图

建筑思想

在其论著中，特拉尼强调其设计与研究的重点在于建筑与城市文脉的关系，在于历史与设计间复杂的关系，建筑的社会义务与旨在超越纯粹功能主义理念之间的关系，建筑师的知识分子立场与决策阶层的关系。特拉尼的论述包含很多主题，其中一些已经公开发表过。[1]这些主题包括对于城市的分析、历史研究、现代建筑、规划与类型的研究，还有一些政治与文化的文字。

历史与城市纪念物的论述

特拉尼的文字释放出他设计中的渴望：他希望能在设计中引入城市、引入历史、引入记忆。这在1926年设计的科莫阵亡将士纪念碑项目中可见一斑，尽管该项目从未实现过。该项目是一个纪念碑与博物馆的综合，计划建在大教堂的周边并重建罗马风教堂圣贾科莫（San Giacom）的前院。

特拉尼坚信纪念物在建立城市身份方面有着决定性意义，它们同时也是分析与重建古典建筑传统原型与模型的工具。它们不仅仅提供风格形式上的参考，更为评价肌体与文脉之间的关系提供了机会，以此使建筑物价值的传递成为可能。

关于纪念物的保护与修复，特拉尼的姿态在对待科莫大教堂时引起了广泛讨论。

1935年9月27日夜晚，一场大火焚毁了科莫大教堂的穹顶。大火过后，有些建筑师提议应该把灾难作为一个契机，重建由菲利波·尤瓦拉（Filippo Juvara）设计的穹顶，而不是由朱利奥·加利里（Giulio Galliori）修改后而建造的穹顶。朱利奥·加利里（Giulio Galliori）因设计了米兰大教堂而闻名。

特拉尼认为，对于尤瓦拉（Juvara）设计穹顶的调研完全是武断的形式主义行为。

当地报纸长篇报道了这次论战，而特拉尼也写了一篇文章，发表在了《意大利文学》（L'Italia Letteraria）[2]上。特拉尼认为，"所有的元素结合在一起，建造的非精确性、机缘和五代人的认同也贡献其间，为历史所接受。很显然，通过几个世纪的沉淀，其建筑风格是如此的特别而不应该修改、改变或是重新诠释，即便是对于复杂的大教堂最小最细微的改变"。

特拉尼用鼓舞人心的话语进一步捍卫该建筑与自己的观点："对理性主义建筑师而言，不应该在当局对肢解纪念物有严格的程序之前有所警觉吗？我们现代建筑师的革新命运不是要封藏古代的伟大作品，我们只要求它们平静的留下，而且我们从中的收益远大于传统卫道士的呼声（比如"复制"）"。

"传统"这一主题被理解成"革命和非形式、理念、传统固化的总和"。从1926至1938年间，由于反复的争论，特拉尼写了十篇不同的文章。在《Comaschi》讲演[3]中，他质问大众对建筑有何期

1. 蓬皮科·曼特罗，《朱塞佩·特拉尼和意大利理性主义的城市》，巴黎，Dedalo出版社，1969。

2. "科莫主教堂和文物研究所"，见1936年7月26日的《意大利文学》，亚历山德拉·宽帕，《理性与历史》，见亚历山德拉·宽帕、焦万纳·达米亚诺《朱瑟安理性主义：重建与互动》，都灵·Maggioli Politecnica出版社，2010。

3. 安马斯琪讲演，见1940年3月1日版《Ambrosiano报》。

盼，因为"他们似乎在谈论现代化，这样他们就不必亲口说出对其的厌恶了：看看民众对阵亡将士纪念碑、对新公社公寓、对法西斯大厦的态度就知道了。现在（听听新闻界的声音），他们想把古迹彻底拆掉；然后拿我们美丽的城市做什么？把它变成一个从湖边到山脚，仅仅用一些优雅的染织品商店点缀在大绿地上吗？"

特拉尼强调了城市规划在历史城区的重要性："相信我，科莫善良的人们，关于意大利城市中心的规划就像一个好手术一样重要"。

"毫无由来的兴奋使你们像个病人一样，试图去拿着将要做复杂手术的大夫的手一样。你们需要去体验光荣的传奇，却又不用抛弃你们自己的生活。在艺术中你们要'在旧遗产旁边'去创造（根据领袖的指引）'新遗产'，而不是覆盖旧遗产。"他继续写道："……古代纪念物是设计师应参考的创造典范。用拆除所有现存建筑物的方法去设计与建造城市中心是个理想的解决方案。"

特拉尼评论过几个科莫历史中心的干预项目，包括4篇为当地报纸《科莫省报》（La Provincia di Como）所撰写的文章。在如何处理和新古典主义的关系以确定城市轴线可以作为一个例证。该轴线两侧布满了功能建筑，同时，在现存建筑的基础上，要具有"如画"般的视觉关系。特拉尼曾数次发表对科莫城市发展的提案。"我们的城市仍然保持着古罗马寨堡城市的特点，仍然保留着两条垂直的中央大街，其交汇的地方为中央广场，其他的街道都与主街平行。然后城市发展规划并不是兼容并蓄的；它计划建造标准化的住宅区，人们将迷失在拓宽与延长的既不具备实施性又对城市交通毫无贡献的城市道路中；该计划也未对科莫城中稀有的中世纪建筑提出保护。该规划企图把我们中世纪氛围的城市，变成一个毫无特点的美国城市"[1]。

特拉尼于1933年7月应邀参加了国际建筑师大会（CIAM），在那里他读到了功能主义城市和科莫城市发展规划汇报。事实上，科莫是世界范围内为研究"功能城市"而选出的32个典型城市之一。功能城市是该届建筑师大会的主要议题。科莫被列为具有历史基础，可以代表一个区域（伦巴第地区规划）可以发展"工业和旅游业的功能"。经过1934年举办的全国投标之后，科莫城市发展规划最后由C.M.8小组〔成员包括勃通尼（Bottoni）、卡塔尼奥（Cattaneo）、多迪（Dodi）、朱萨尼（Giussani）、林吉利（Lingeri）、普奇（Pucci）、特拉尼（Terragni）、乌斯伦吉（Uslenghi）〕获胜，项目组全身心地参考了世界上著名的建筑师和规划师的案例。在解决了更为紧急的路网问题之后，方案为城市限定了基本范式，确定核心区，城市分区，为科莫城市添加了"政治中心"的标签。[2]

1 "修编科莫城市总体规划的提案由一群最好艺术的朋友提出"，见《科莫省报》，1927年11月27日。

2 朱塞佩·特拉尼，《景观》杂志，3536期，1936年10月。

现代传统和建筑规划

纪念物是研究城市、规划城市形态时可以利用的工具。历史也可被看成建筑进程的源泉。"官方雄辩家（比如皮亚琴蒂尼，奥耶蒂……）引发的关于建筑思想的辩论，尤其是关于它的自然属性，在特拉尼那里得到了很好的解决。他将历史当作唯一的文化资源或者文化模式，超越了其他的意志形态化的处理手法，形成了跨国界遗产（an extra-national heritage）。"[1]

特拉尼更正了文化媚外主义者对国际主义建筑的教条与僵化理解，取而代之的是对文脉的肯定，从而明确了建筑学必须适应其所处的社会—文化环境，需要处理与出资方和传统的关系。在1935年3月七人小组重刊于《象限》（Quadrante）[2]期刊的文章中，特拉尼写道："我们并不想和传统分离，而传统本身也在发生着变化，呈现出新的面貌，而人们往往忽略了这一点。"历史与因果关系成为意大利理性主义建筑的精神背景之一，与文明革命向度，以及与大众人人相关的令人激动的现代生活的各种可能相并列。从这个角度上讲，意大利理性主义建筑与传统建筑实现了无缝对接，从而造成了建筑新趋向的探讨的时空张力。隐藏在纪念物之后的历史、人类的精神原因、经验原因成为根本力量，使普通建筑成为现实而理性的建筑。同时，七人小组自负地对历史知识的深入研究，

1　曼特罗，同前，23页。

2　"七人小组的著作，1926—1927"，《象限》杂志1935年3月第23期，1935年4月第24期。

1930年代的科莫建筑师与艺术家，左起：曼里奥·罗（Manlio Rho），朱塞佩·特拉尼（Giuseppe Terragni），阿尔贝托·萨托利斯（Alberto Sartoris），凯撒·卡塔尼奥（Cesare Cattaneo），马里奥·拉蒂奇（Mario Radice）

并未阻碍他们对新建筑"功能"上布置："我们所需要的是使我们的建筑成为这个时代唯一的、别无选择的、精确的建筑，我们的艺术形式也完全受时代审美所驱使。不要害怕在似乎于巴巴的基地上工作，即使基地在美学上有诸多限制。而且，我们要主动限制我们用以设计的元素。所有元素要经过反复琢磨，以达到我们想要的理想状态，来纯化设计主题"[1]。

这些理性建筑的原则由皮亚琴蒂尼所总结，发表在《意大利报》(IL Giornale D'italia)的他所撰写的一篇文章中，题目叫作《意大利建筑的辩护》(Difesa dell'architettura italiana)[2]；特拉尼以此展开了自己对理性建筑理解的论述。[3]

"在5月2日出版的杂志上，我们读到了学术的皮亚琴蒂尼写的重要文章《意大利建筑的辩护》……理性主义建筑，它禁止任何与传统有关的艺术形式，却严格遵守数学计算的应用。虚假！理性主义建筑……对概念作了最准确、最特殊的定义，澄清了其建造、技术与原因的内容……。正如我们所见的，理性主义建筑重新发现了新建设方式中的和谐、韵律与对称。同时蕴藏在使用的材料中，完美地蕴藏在必须承担的功能布局中（1929理性主义建筑第一期的目录）……。历史上理性主义建筑源远流长。早期理性主义使大多数地中海有着希腊化的建造特点，清晰而宁静；后来出现了野蛮人的激进理性主义，以北欧建筑师为代表；是理性主义选择日照条件好的地方建造住宅与别墅，周边种植大树与鲜花，可俯瞰河流；是理性主义劈开了非人的肮脏与噩梦般的环境，给人类以自由的呼吸。"

建筑师的职业：规划与设计研究

特拉尼在历史与当下项目之间寻找建筑的身份，在建筑类型与城市形态之间寻找平衡，在其设计的雷比奥和科尔特塞拉（Cortesella）城区规划项目中可以看到。科莫历史城区的科尔特塞拉项目延续了建筑师朝气蓬勃的诸多项目，把城市看成是多功能的有机体，探讨旧城区和纪念物的保护问题。科尔特塞拉（1940）和科莫城郊区雷比奥（1938）项目延续了功能主义者的研究与社会主义者关于工业区人口安置的前提。

特拉尼认为自己专业的基石，他所推动的潮流在于将历史与建筑、实验与研究在设计阶段联系起来。一方面，其明显的倾向在于通过参照古典主义而超越功能主义，将建筑小心地插入城市有机体；另一方面，其研究主题在于建筑类型的发展，市民的要求，以及技术与建筑的结合。

这些设计原则可以在其应用研究与官方发表的论述中看到。在大多数的纪念建筑中，在关于竞赛项目——比如科莫的法西斯大厦的报道中，在1934-1938年法西斯政权举办的一系列建筑竞赛中，特拉尼一再陈述自己的设计理念与原则。

特拉尼十分清醒地意识到法西斯大厦的设计主题代表了一种新的设计类型，它体现了对材料和设计的充分研究。"在设计中，各种因素被转化成了设计元素和装饰。比如精致和耐久的面层的使

1 "七人小组的著作，1926-1927"，《象限》杂志1935年3月第23期，1935年4月第24期。

2 《意大利报》，1931年5月2日。

3 "意大利建筑师关于当代建筑新形式的激情论战"，意大利报，1931年5月12日。

用，通过研究使空间比例获得更大自由，不同系统之间的完美组合，以及由各部分组成的经过严密设计的体块更确定了纪念特性（celebratory nature）。尽管对于某些历史时代的建筑而言是豪言壮语，在特拉尼的设计中，一种新的建筑关系出现了：它出现在惯常的功能与使用之中，在政治成就、军事胜利或者革命征服的快感之中实现了其诗意。"[1]

"方案的需求迫使我尽量使用基地所有的区域。接下来，它引导我思考一系列的问题。包括自然采光、通风、划分与解构空间，甚至雨水的排放也不能马虎。"[2]

而且建筑功能需要接纳大量的人群，法西斯大厦还要演绎建筑关于透明与解除室内外隔膜的隐喻："法西斯大厦正传达着令人激动的概念和特殊需求：被周边房间环绕的带顶盖的中庭，引导人们到达其他房间、办公室和会议室。但是我们需要研究在这个大空间中人群大量聚集时，法西斯党员和群众的形态与关系。室内外的联系必须被消除，当领导在中庭对听众讲话的时候，在外部广场的群众同时也应该能够听得到。这个建筑完美地实现了墨索里尼关于法西斯主义是个透明房子的理念，人们可以清楚地看到每个人。它彻底地诠释了透明：在政治领袖与其群众间，没有物体、没有障碍、没有阻隔"。[3]

不止如此。根据他的城市发展原则，特拉尼意图创造一条理想的城市轴线以连接法西斯大厦和城市主教堂："根据城市的发展计划，建法西斯大厦将加速科莫的'法西斯城'的实现；该权力中心的组织机构和智囊团大厦围绕着一个巨大的广场，延续了主教堂历史广场的逻辑与环境关系"。[4]

设计罗马的利托里亚住宅时，有报道称特拉尼延续了在统一体量中探讨围合的重要性的课题，再次使用了类似法西斯大厦的围合体量："该党的各个部门在使用利托里亚住宅中不同部分时应体现其团结与统一，所以建筑应被设计成一个围合与纯粹的形式，从平面上沿周边充满了预设的梯形场地"。[5]

"虽然遵守了塑形组合的原则与方法，建筑的主要体量的选择与组合方式仍然考虑了建筑本身对体型的需求以便诠释其政治价值，以及建筑群与单独体量的功能。接下来的是，这个方案的基本原则之一是实现一个可以植入的纪念意义与形象，而不是简单地创造一个媚俗而肤浅的外观，强加在利托里亚住宅的功能组织之上"。[6]

为E42设计的接待与会议大楼的第一阶段，汇报中强调其理念是设计一座能反映"永恒"的建筑，即使在1941年世博会结束之后它也将在罗马的城区中发挥作用（事实上它从未实现，该建筑也是为纪念墨索里尼加入第二次世界大战而建）。一座有能力容纳"不太多但有素质的、真正的观众与公民的建筑……应该可以在一群建筑中即时展现其高贵建筑的气质，而不仅仅是表现其功能的理念或者是追逐某种时下流行的风格。因此，在这个项目的研究中，虽然基地条件限制严格，我们仍努力发现形式的最佳表达，满足最主要的功能，从而创造形式及其组合，探讨寻找表达精神情感的机会。"[7]

项目投标说明的表述清晰地表明了一个关于纪念建筑的重要态度：将其视为首要的社会艺术、固化的精神力量；它是文明的宣言："古典和纪念的感情，以及精神信仰，应作为建筑设计的灵感所在，以帮助现代功能主义获得其形式"。

1. "科莫法西斯宫的建设"，《象限》杂志35/36期，1936年10月。

2. 同上。

3. 同上。

4. 同上。

5. "Relazione al Concorso di 2° grado per il progetto della Casa Littoria a Roma"，1937年。罗马的里托利亚公寓（Casa Littoria）项目设计第二阶段方案竞赛作品集"，1937年。

6. 同上。

7. "E42接待与会议大楼第一阶段方案竞赛作品集"，1938年。

"……我们下决心深化古典建筑元素，因为它们决定了我们传统的塑造和精神延续性，从而合理地转化为现代建筑，它应超越任何形式主义，而延续空间组织的方法，通过相关元素表达基本几何原理。根据历史遗存所流传的数学法则，对特定的艺术风格和形式进行演化，进而传授给下一代。我们希望用同样的历史原则指导这个项目。除了满足内部的功能外，它巨大的单元将被和谐的关系所笼罩，就像古典建筑一样，从古埃及到古希腊，从古罗马到文艺复兴。"[1]

1 "E42接待与会议大楼第一轮设方案竞赛作品集"，1938年。

政治 - 文化间的争议

　　关于理论与政治的立场与姿态，特拉尼表现出在激烈的呐喊与引导官方文化方针之间保持平衡。随着特拉尼作品所取得的地位，他的文字甚至呈现出"一种公然谄媚的语调，完全与1931年第二届意大利理性主义建筑展给年轻建筑师留下的印象所不同，这反映了法西斯政权时期的政治—文化程式和风格，也解释了该时期理性主义建筑的呈现的风格化和程式化的原因"。[1]

　　"根据领袖的意愿去创造今天，是启发思维和为法西斯运动提供永恒形式的新良知。它像太阳一样发光发热。它集中于一个基本想法，开启意大利的新生活：对领袖的崇拜。这里呈现的两个项目的设计概念正是基于这个主要想法：为伟大领袖创造有价值的背景。该计划如下：为意大利民众展示墨索里尼，了解他，聆听他，爱戴他。它如同宿命的神迹一样，通过完美无瑕的浅色石材从帝国大道升起，形成多层的建筑体量，为这个精神联盟代言——它也会再次为延续了的罗马历史代言"。[2]

　　当特拉尼随后认识到政治上的阿谀并不能打破被放逐的壁垒，他转而利用现代建筑的理念向巴尔迪（Bardi）发难，谴责他企图利用国家建筑的愿景实现建筑世界内部的同一化与制度化，警告他艺术民族化的危险。1931年，在L'Ambrosiano报纸上，巴尔迪撰写了一篇关于意大利建筑现状的檄文。文中断言意大利现代建筑落后于其他国家。巴尔迪于是提出了"国家建筑"的概念以解决这一问题。特拉尼在同一报纸上激烈地回应他所理解的国家建筑："这根本不是事实！我也怀疑巴尔迪所提解决方案的有效性。我恰恰想表达我的观念以告知大众和当政者，同时也传达真正的新建筑思想。所以改变现状并不会造成伤害，它仅仅是一种艺术或是职业的正常实验，而这种实验与经济和社会紧密相连。我建议相信理性建筑运动（MIAR）以发展和实现最佳的形式，以便实现国家形式的理想"。[3]

　　他再次提到建筑独立。"谁希望用'建筑'来赢得这场战争的胜利，就应该选择'工地'的强劲的节奏，而不是在'会议'上喋喋不休。我们相信这才是一个合格的法西斯主义者践行伟大领袖指引的最佳方式。同时我们也应有所准备，与险阻同行，再次品尝苦痛，因为它们毫无疑问地有利于我们的事业"。[4]

1. Mantero, op. cit., 26. 曼特罗，前引，26页。

2. "罗马的里托利亚公寓（Casa Littoria）方案变奏"，方案体系的最初介绍，1934年。

3. "建筑书信"，in L'Ambrosiano报，1931年2月26日。

4. "给建筑师阿尔波托·卡尔扎—弈尼（Alberto Calza-Bini）"，罗马，1934年5月28日。

Mantero, E., *Giuseppe Terragni e la città del razionalismo italiano*. Bari: Edizioni Dedalo, 1969.

Zevi, B. (ed.), *Giuseppe Terragni*. Bologna: Zanichelli, 1980.

Vitale, D. (ed.), *Giuseppe Terragni 1904/1943*, monographic issue of Rassegna, September 1982.

Fosso, M. and E. Mantero (eds.), *Giuseppe Terragni 1904-1943*, exh. cat. Como, 1982.

Marciano, A.F. (ed.), *Giuseppe Terragni. Opera Completa 1925-1943*. Rome, 1987.

Schumacher, T., *Giuseppe Terragni and the Architecture of Italian Rationalism*. New York: Princeton Architectural Press, 1991.

Materiali per comprendere Terragni e il suo tempo, proceedings of the study day (Milan, 26 November 1993),

edited by A. Artioli and G.C. Borellini, 2 vols., Viterbo, 1993-1996.

Saggio, A., *Giuseppe Terragni, vita e opera*, Rome, 1995.

Poretti, S., *La Casa del Fascio di Como*, Rome, 1998.

Ciucci, G. (ed.), *Giuseppe Terragni 1904-1943*. Milan: Electa, 2003.

D'Amia, G., *Giuseppe Terragni, oltre il razionalismo*. Como: Enzo Pifferi Editore, Como, 2003.

Terragni, A., and D. Libeskind, P. Rosselli, *Atlante Terragni*. Milan: Skira, 2004.

Consonni, G. and G. Tonon, *Terragni inedito*. Cremona: Ronca Editore, 2006.

Mantero, E., *Civiltà di Terragni. Ricerche e scritti 1966-2001*. Como: Nodo Libri, 2006.

Coppa, A., *Terragni e il razionalismo. Guida alle opere*. Handbook of the Comitato Nazionale per le celebrazioni del primo centenario della nascita di Giuseppe Terragni, 2004.

Einsenman, P., Giuseppe Terragni: *Trasformazioni Scomposizioni Critiche*, with texts by Giuseppe Terragni and Manfredo Tafuri. New York: Monacelli Press, 2004.

Coppa, A. and G. D'Amia (eds.), *Razionalismo lariano. Riletture e interazioni*. Maggioli Politecnica, 2010..

著作权合同登记图字：01–2021–1593号

图书在版编目（CIP）数据

朱塞佩·特拉尼/（意）亚历山德拉·科帕编著；
王兵译. —北京：中国建筑工业出版社，2021.8（2022.11重印）
（经典与新锐. 建筑大师专著系列）
书名原文：Giuseppe Terragni
ISBN 978–7–112–26320–2

Ⅰ. ①朱… Ⅱ. ①亚… ②王… Ⅲ. ①朱塞佩·特拉
尼—生平事迹 Ⅳ. ①K835.466.16

中国版本图书馆CIP数据核字（2021）第135113号

Original title: **Giuseppe Terragni**
Original Edition © 2020 24 Ore Cultura s.r.l. - via Monte Rosa, 91 - Milano
Simplified Chinese Copyright © 2021 China Architecture & Building Press

责任编辑：姚丹宁
书籍设计：张悟静　何　芳
营销策划：黎有为
责任校对：张惠雯

经典与新锐——建筑大师专著系列
朱塞佩·特拉尼
GIUSEPPE TERRAGNI
【意】亚历山德拉·科帕　编著
王　兵　译
杜军梅　校

*

中国建筑工业出版社出版、发行（北京海淀三里河路9号）
各地新华书店、建筑书店经销
北京锋尚制版有限公司制版
北京富诚彩色印刷有限公司印刷

*

开本：889毫米×1420毫米　1/32　印张：3¾　字数：170千字
2021年11月第一版　2022年11月第二次印刷
定价：78.00元
ISBN 978–7–112–26320–2
　　　（27572）